大江大河系列丛书

万古黄河

陈维达 等 著

全国百佳图书出版单位
时代出版传媒股份有限公司
黄山书社

图书在版编目（CIP）数据

大江大河系列丛书. 万古黄河 / 陈维达等著. -- 合肥
黄山书社, 2024.5
ISBN 978-7-5737-0625-6

Ⅰ. ①大… Ⅱ. ①陈… Ⅲ. ①黄河—概况 Ⅳ.
①K928.42

中国版本图书馆CIP数据核字（2022）第251966号

大江大河系列丛书 · 万古黄河 陈维达等 著
Dajiang Dahe Xilie Congshu Wangu Huanghe

出品人 葛永波
责任编辑 刘莉萍
装帧设计 有品堂_刘 俊 张俊香
责任印制 李 磊
出版发行 黄山书社
地 址 安徽省合肥市蜀山区翡翠路 1118 号出版传媒广场 7 层 邮编：230071
印 刷 安徽新华印刷股份有限公司
版 次 2024 年 5 月第 1 版
印 次 2024 年 5 月第 1 次印刷
开 本 700 mm × 1000 mm 1/16
字 数 200 千字
印 张 14.25
书 号 ISBN 978-7-5737-0625-6/01
定 价 39.00 元

服务热线 0551-63533706
销售热线 0551-63533761
官方直营书店（https://hsss.tmall.com）

目录

前言

让黄河成为你的知己

由于工作关系，我与黄河结下了不解的缘分。这一生，可以说，无数次地行走黄河、见证黄河、歌吟黄河。母亲河以秀美壮丽的地理地貌，展现着她的前世今生；母亲河以博大雄浑的胸怀，讲述着中华民族的深沉坚韧。我们每每由她的外部特征激动高歌，我们更被她哺育的民族魂魄所浸润和养成，形成了努力向前、永不退缩的精神。行走于黄河两岸，有无数个黄河故事留存于我的脑海里，它们激荡、它们发酵、它们沉淀，形成了我对黄河以及黄河文化根和魂的认识和崇拜。

很多年以前，我与三江源科考队员们一起对黄河源头进行考察，在那里，我遇到了黄河源头第一小学的一位校长，是一个藏族青年。这位校长毕业于兰州西北民族大学，刚结婚不久，爱人在另外一个乡任乡长。像他这样的少数民族大学生，可以说是稀缺“资源”，有很多机会留在城里工作，但是，十分热爱教学工作的他，毅然选择行走在这地广人稀的高原深处，或者说，他是抱着一种理想沉浸在黄河源头的教育工作里。黄河源头地处青藏高原腹地，地势广阔而复杂、气候严酷而多变，人烟稀少、生活艰辛，当时许多牧民对孩子上学受教育十分消极，认为上完学还是回家放牧，上学没有什么意思。这位校长十分焦虑，在与我的交谈中，他说，国家有政策、有补贴，学校有漂亮宽敞的教室和宿舍，孩子们不来上学十分可惜。再说，各个地区都在你追我赶实现现代化，我们黄河源头也不能落后。汉族藏族是一家，都是中华民族的一员，都应该是有文化的民族。于是，他不辞辛苦、不畏困难，一家一户地做说服动员工作。为此，他还买了一辆摩托车，在高原奔波。有一次，他去深山里的一个孩子家，摩托车坏在半路，到了夜里温度急剧下降，差点把他冻僵在那里。他刚到学校时，学校只有 17 个孩子，经过他的努力，在校生后来达到 43 人，加上到县城里上学的孩子，一共有73人就学，达到了“应上必上”的要求。

我手头有一张他和学生们的合影，各个脸上都洋溢着单纯而明亮的笑容，令人动容。短短两天的接触，我被他的执着、坚忍所感染。他坚守在母亲河的源头，知道自己从哪里来到哪里去，为了自己民族不落后、每个牧民都成为有文化的一员，他在艰难中尽着自己的一份力量。

再说另一件事。他是中华人民共和国的

▲

黄河九曲第一湾

▲
黄河甘肃永靖段

一位部长，2006年已65岁。那年他带队检查黄河工作，最后一站到达黄河三角洲，乘船考察黄河与大海交汇处的泥沙情况。是时，天朗气清、惠风和畅，海天一色、河波静谧。挣脱了峡谷与堤防约束的大河渐行渐宽，大海仿佛迎接远行的游子归来，时时伸出蔚蓝色的海波抚摸河水淡黄色的触角。海咸河淡，河与海交汇后形成长长的蓝黄交错的波纹。这时的大河已逐渐消失，把生命融入无边无际的海洋之中。本来正与大家说笑的部长，看到如此奇异的情景，神色变得凝重起来，他稳坐在甲板上，倚着船舷，眺望着远方，似乎在思索着什么。微风吹拂着他的满头银发，他的面孔好像一尊雕像。

老人在思考什么呢？他曾经说过，治水需要哲学家。况且，他本人就是一位水利学者，他提出了一系列的水利思考和解答，他首创了资源水利的概念，他支持流域机构是河流代言人的理念，等等。此时，面对经历了千回百折而渐归海洋的黄河，面对河与海的波浪，他深邃的目光告诉我，他在思考着深刻的问题。

黄河源头执着坚强的年轻人与经历过风浪洗礼的老人，在我脑海里久久萦回。他们似乎相隔甚远、毫无关联，但如果从行走黄河的角度、从体味人生奋斗的角度来看，这两人既有关联又有着隐喻。无论老幼，无论官民，涉世未深也罢，饱览世事也好，或离江湖之远，或居庙堂之高，那都是人生的一种状态而已。如果有机会牵了大河之手，流连于大河两岸，对大河就会有一种深刻的感受。难怪2500多年前的孔子站在河畔会喟叹道："逝者如斯夫，不舍昼夜！"

沿着黄河行走，对自然、对历史、对生命，都会有全新的、深刻的领悟。

在黄河流域生态治理保护与高质量发展的新时代，我们选择了黄河两岸若干个点，以九曲黄河为轴线把它们串联起来奉献给读者朋友。这里既有远古沧海桑田变化的印痕，也有先民们披荆斩棘的足迹，有大自然鬼斧神工的造化，更有人工伟力形成的壮丽。不管你是读此书，还是行彼路，每一处胜景，我们都希望能引起你对诗和远方的冲动，引起你思想与情感的共鸣，并且让黄河成为你的知己，为你的人生带来生活的愉悦和思考的收获。

陈维达

2024年4月21日于郑州

黄河源，泛指青海龙羊峡以上地区。黄河自阿尼玛卿山南麓流至青甘川交界处，受邛崃山和岷山阻挡转而向西，再次返回青海至龙羊峡，行程有上千千米。

本章所描述的黄河源，仅指在阿尼玛卿雪山之上游地区。

第 一 章

寻寻觅觅溯河源

第一节　神秘的黄河源

人类对“源”，有着潜意识般的追索和探究。探寻到“源”，如宇宙起源、人种起源、文化起源及至家族起源，等等，人的物质世界和精神家园就有了依托。

在我国，对黄河源的探寻，最早的文字记载大约可以追溯至《山海经》一书，其载有“昆仑之丘……河水生焉”。此后，除民间外，汉、唐、宋、元、明、清各朝，朝廷均派员对黄河源进行勘察，以期确定黄河源之所。

但是，由于黄河源居于青藏高原腹地，其上游地势复杂、支流众多，加之黄河源理论多元化等因素，黄河之源的确定也常常伴随着争议。

1. 多元化的河源论

中国古代有“河源唯远”说、“河源唯长”说、“河源唯干”说等，并且这些“说”，均有河流来证明其合理性。在遥感卫星拍照作为测绘技术出现之前，寻找高寒多支的河流之源，是一件十分困难的事情，人们只能靠双足踏勘和基本的测量工具，在众多帚状河流中去寻找和确定。而这些源头分支，有的甚至相距甚远，譬如长江的东源当曲与西源沱沱河，其直线距离竟有 350 千米之遥。

因为这些理论都自成一说，使得发源于青藏高原腹地的黄河正源有了较大争议，历史上有玛曲、约古宗列曲、卡日曲、那扎陇查河等几种说法。

2. 玛曲与约古宗列

玛曲曲果位于青海省玉树藏族自治州曲麻莱县麻多乡正西方约古宗列盆地内。

玛曲，藏语，意为孔雀河，即指黄河。曲果，藏语，意为小河源头。玛曲曲果，即黄河源头。

▲
玛曲尕海

玛曲曲果的具体坐标是北纬 35° 01'35 "，东经 95° 59' 25 "，海拔高程为 4640 米。源头处为一箕形缓坡丘陵，当地藏族居民称之为“玛曲曲果日”（意为小山），在小山的东坡坡脚附近有一处满月形泉眼，两面缓坡与泉眼形成双手捧月之势。

这就是黄河源头第一泉。

此泉大小若脸盆、深浅约竖掌，其水清冽、平静，夏不狂溢、冬不干涸，映着蓝天白云，源源不断涌出甘露。泉眼下游为草甸沼泽地，众多小泉汇流成溪，向北偏西流淌，在 1000 米左右处与其左边西南隅另一股水流汇合，形成宽约 0.7 米、深约 0.2 米、Y 字形的溪流，即为玛曲。

▲
约古宗列盆地

自黄河第一泉涌水，玛曲先向北，再向东，在约古宗列盆地回环曲折，形成沼泽草滩和水泊地，其大大小小的草甸水潭，呈绿色扇形分布，俨然孔雀开屏。行过此地，玛曲与偏南而来的青鸟龙洼和其他小溪汇合，初具小河规模，然后由东北角的茫尕峡谷冲出盆地继续东行，经星宿海，其间接纳北支扎曲，过玛涌滩，再下行，于扎陵湖上约 20 千米处汇合卡日曲，称黄河，下行，入扎陵湖。

确认玛曲为黄河正源的理由有二：

其一，尊重当地民族认识。历史上，从甘南上溯到青海的这段黄河，藏族同胞统称为玛曲。在甘南地区的黄河边上有一县治即玛曲县。与此相对应的是“多”这个词，在藏语中，“多”指河流上游。在青藏高原的长江、黄河、澜沧江的众多支流旁边，以“多”命名的地方非常普遍。玛多、称多、治多、杂多，等等，说明藏族同胞以河的上下游来指认地标是一种普遍现象。据此可知，在古代，当其他民族的冒险家们正在努力寻找黄河源头时，在藏族人民心目中，黄河的源头已是确认的。玛曲、玛多、玛曲曲果，清晰地划定了黄河源地区的河段、上游地区以及源头。

其二，河流主干说。这一理论认为，寻找河源，应以其干流寻源为要，正如人之头为干，其上肢再长，亦不能算最高点。而现代水文学中，认定河流干流应以河网结构性法则为依据。第一，两河或多河在汇合处，支流的河床坡降大于干流；第二，两河或多河交汇，如无特殊的地质情况，与交汇点河段流路夹角较大的河流为支流，夹角较小、顺直的河流为干流。

根据以上理论，玛曲当属干流。在黄河上游众多帚状支流中，玛曲顺直、坡降夹角小，且位居中支。从 1952 年起的数次查勘后，黄河水利委员会综合多种因素、多方意见，于 1985 年上报当时水电部批准，确认玛曲为黄河之正源。

关于约古宗列曲，虽然地图上有标记，但是我们经过实地考察寻访，认为这是一种误解。众所周知，约古宗列是黄河发源的盆地所在，如果再标为河名，似乎不通。2008 年，我们进行河源考察时，当地一牧民明白无误地告诉我们，此段小河称作青鸟龙洼。

3. 卡日曲与那扎陇查河

卡日曲，藏语，意为红铜色的河，发源于巴颜喀拉山支脉各姿各雅山下五条小溪形成的河流，其方位为北纬 34° 55'52"，东经 95° 55'18"。这里水源更加丰富。其下行约 70 千米接纳了拉浪情曲，再续行约 60 千米，受卡里恩尕卓玛山的支脉努尕冰赛山的阻挡，折向西北方向前行 40 千米，绕过此山后再向东，行约 20 千米后与玛曲汇合，汇合点的坐标为北纬 35° 00′，东经 96° 52′，高程为 4300 米。

卡日曲是 1978 年青海省测绘局组织考察确定的黄河正源，目前《新华字典》以及部分中小学生课本均这样记录。

卡日曲的另一分支拉浪情曲，是又一派认定的黄河正源。它自曲麻莱县麻多乡公路的卡日曲桥东约 15 千米处与卡日曲分开，向西南又折向东南，之后，向东依次又分支为拉浪情曲、棒喀曲、那扎陇查河北支和南支。

2008 年，青海省组织综合科考，按照分辨率为 15 米的遥感影像图，以扎陵湖入水口为起点，测得卡日曲西源长度为 234601 米，棒喀曲为 240486 米，拉浪情曲为 250547 米，那扎陇查河为 256523 米，同时测得玛曲长度为 217093 米。

从以上可以看出，玛曲是最早确定的黄河正源，但是其长度与那扎陇查河之差为 39430 米，因此，有部分学者认为应当改那扎陇查河为黄河正源。其方位为北纬 34° 30'29"，东经 96° 20' 23"。但是，水利界认为，在万里黄河上，有三四十千米的河床误差是正常的，如重新确定，对于整个流域水利坐标影响较大，许多档案资料和现实工作将出现误差或疑惑，因此不建议改变。

在寻找黄河源的过程中，不同的人在不同的时间，对一些事物的描述，总会有差异，使这一过程显得神秘而有趣。

在玛曲与卡日曲两河间，有一座山峰，十分神秘。清乾隆四十七年（1782 年），因为下游堵口成功，皇帝派遣他的侍卫阿弥达探寻黄河源并祭告河神。阿弥达在星宿海之西南发现一座蒙古语称为“阿勒坦葛达素齐老”的山，他对此山进行了详细的描述：“此山崖壁赤黄，壁上有池，池中‘流泉喷涌，釃为百道，皆为金色，同入于阿勒坦郭勒……为黄河之上源也’。”他便认定黄河发源于此山，流经星宿海后下行。1952 年，黄河水利委员会科考队抵达黄河源区，有意识地在附近寻找此山，但是费尽周折也未找到叫这个名字的山峰。询问当地牧民，他们回答道，很多年前，这一带是蒙古族放牧的地方，现在蒙古人已经离去，他们也不能肯定以蒙古语命名的这座山是哪座山，而附近有一座藏族人称为“喀喇阿尕拉卓玛”的雪山，意为白脸女神。此山群峰环绕，像是有很多大荷叶倒扣在上面，极为美丽壮观，方位也与阿弥达的描述接近。于是，科考队疑此峰为彼峰。在 2008 年青海基础地理信息中心印制的 1∶230000 的地图上，标有一座称为“卡里恩尕卓玛”、海拔 5047 米的山峰，那一年笔者在这里考察时，询问当地藏族干部达哇彭措，

▲
巴颜喀拉山脉

他说“卡里恩尕卓玛”这个名字的意思是“银白色仙女”。两种翻译意思相近，但是意境有差异，后者的翻译更加浪漫。由于藏语有卷舌音，加之外地人对当地口音记录总会有些误差，因此可以断定，此山就是1952年科考队看到的、清人认定的黄河发源于其上的“阿勒坦葛达素齐老”山。

探访黄河源的旅行家，不妨去找一找此山峰。

探访黄河源大致有三条路：

第一条路，从玛多县城出发，沿县级公路向鄂陵湖方向，经扎陵湖、玛涌滩、星宿海到麻多乡。从这条路走，可以观赏美丽的鄂陵湖、扎陵湖，探险玛曲、卡日曲等多个源头。

第二条路，从玛多县继续向南，翻越海拔4824米的巴颜喀拉山垭口，至清河镇下国道向西至曲麻莱县城，走县道沿通天河支流色吾曲再回翻巴颜喀拉山垭口，进入棒喀曲源头，沿河而下分别经棒喀曲、拉浪情曲、卡日曲后，至麻多乡。经此线路，可以查看最近人们认定的黄河源，体会一脚跨长江、黄河的神奇感受，看棒喀曲、拉浪情曲交汇处的夹角、坡降、流速等，体味科学家们关于黄河源争论的内涵。

第三条路，自柴达木盆地的格尔木沿青藏线出发，之后沿雪水河上行，走一条乡村公路至约古宗列盆地。

这三条线路，从城区到麻多乡，均有 200 多千米的路程。

4. 黄河源碑

黄河数源均有碑立，这与国人文化习惯有关。特别是千辛万苦来到黄河源的人们，总是希望以自己的方式留下些纪念。因此，在几个源头，有不同组织或个人树立的、大大小小的黄河源碑，有石质的、木头的、铁皮的，甚至还有随手捡拾石块堆砌的。

由中华人民共和国水利部、青海省人民政府树立的黄河源碑耸立在玛曲曲果。

这座碑兼黄河源标志性和纪念性为一体，碑材选用青海省湟源县产的花岗岩，白底灰麻、质地坚硬。碑型为中国传统式，由底座与碑身两部分组成，底座高 1 米，碑身高 1.999 米，宽 1.5 米，厚 0.5464 米，这几个数字看似平常，但含有深意，它告诉人们，此碑为 1999 年树立，黄河河长为 5464 千米，代表着黄河流域儿女为中华人民共和国成立 50 周年献礼的深情厚谊。这座

◂ 黄河源碑

近3米高的石碑坐东朝西，位于玛曲曲果第一泉正东方约20米开外的缓坡上。它背依巴颜喀拉山，脚踏天际高原，俯瞰约古宗列盆地，面向第一泉，身材伟岸、天纵雄姿，在蓝天白云映衬下，甚具宏大庄严相。面向泉眼的正面，是时任党和国家领导人江泽民所题书的“黄河源”三个红漆大字，背面是一篇骈体文的《黄河源碑铭》。铭文如下：“巍巍巴颜，钟灵毓秀，约古宗列，天泉涌流。造化之功，启之以端，洋洋大河，于此发源。揽雪山，越高原，辟峡谷，造平川，九曲注海，不废其时。绵五千四百六十公里之长流，润七十九万平方公里之寥廓。博大精深，乃华夏文明之母；浩瀚渊泓，本炎黄子孙之根。张国魂以宏邈，砥民气而长扬。浩浩汤汤，泽被其远，五洲华裔，瓜瓞永牵。自公元一九四六年始，中国共产党统筹治河。倾心智，注国力，矢志兴邦。务除害而兴利，谋长河以久远。看岁月安澜，沃土茵润，山川秀美，其功当在禹上。美哉黄河，水德何长！继往开来，国运恒昌。立言贞石，永志不忘。”

短短200余字的铭文，概括了黄河源之在、行经之远、气势之宏、精神之寓，寄托了中华儿女世世代代的美好愿景，确实是一篇不可多得的奇文。

5. 约古宗列盆地

约古宗列盆地东缘位于麻多乡正西约10千米处。从乡所在地出发，正前有一道宽约3千米的沼泽地，以前需绕道乡南边的小山边缘，经郭洋村南北横穿沼泽地再沿北山边缘进入这一段约10千米的路程基本上要走2个小时。2008年，当地政府投资修了一条公路，这条公路东西直接穿过沼泽地，翻越盆地分水岭，在盆地中央略偏南依河而行，直达玛曲曲果。

约古宗列，藏语，意为炒青稞的浅锅。这个翻译很精准，翻译者确实非常了解当地人民的生活和语言。据当地藏族同胞讲，“约”，指这一片土地；“古”，相当于汉语连词；“宗列”，是藏族同胞炒青稞用的平平圆圆的锅。这个名称准确地反映了这个盆地的特征。在群山连绵、河汊交结的高原上，约古宗列一带确实是视野开阔的较大盆地，它南北宽约30千米，东西长约60千米，除玛曲在其东北角切割的茫尕峡谷外，它的四面均被缓缓的丘陵包围。晴空时节，站在高处放眼望去，这里的景色尽收眼底。

盆地看似一马平川，其实走进去就会发现，里面的地形千变万化，景致气象万千，只见丘陵矮崖相间、草甸湖盆互映、溪流泉眼遍布。远远地看到一座小山岭，走到跟前却是一片平坦之地；远处看有丘塬，走到跟前却是一道山脊，一条小河绕着崖脚像捉迷藏一样回环往复，甚至切割了岸崖，深深躲在硬岩的下面。草甸中受高寒反复冻融形成的水潭被形象地称作“马蹄坑”，有时水量大一点，一个马蹄坑的水溢向另一个马蹄坑，形成小小的瀑布，瀑布相连形成一条小流，这似乎就是某条河流的源头了。盆地里坡降很小，泉渍遍布、水流缓慢，可以看到高原寒鱼裸鲤俊俏的身影。那鱼都只有一指来长，非常细小，在平缓的水中啧嘴儿，丝毫不惧人。夏日里，盆地里有风毛菊、垂头菊、金莲花、龙胆、马先蒿、藏蒿草等，组成绿茵如毯的高寒植被，其间各色鲜花点缀，华丽俏美，所以，这里还被称为“五花草甸”；野驴、黄羊、岩羊、藏羚羊、红狐，甚至还有狼和熊等出没，显示出盎然生机。冬季，

▲
远眺阿尼玛卿雪山

瑞雪覆盖，一片冰清玉洁的世界，弯弯曲曲的河上冰凌闪烁，如银蛇乱舞，天空中鹰隼徘徊，寻找着它们的食物。

玛曲曲果就在盆地中间线一带偏西南的一隅。

在盆地西部略偏南耸立着盆地最高峰——海拔5214.8米的雅拉达泽峰，呈金字塔形，在开阔的盆地内独树一帜、昂首向天。在气候多变的高原上，它时而耸立于清澈的蓝天之间，时而被浓云笼罩，时而被薄云如纱般缠系山腰，似乎是一位无论风云如何变幻亦坚守诺言的武士。当地牧民传说，雅拉达泽是阿尼玛卿雪山的儿子，由于远离黄河源，阿尼玛卿就派遣了雅拉达泽来守候黄河源头。这固然只是一个美丽的传说，但是，在当地牧民心目中，玛曲曲果确实是非常神圣的，而且表明了黄河流域最高雪山阿尼玛卿雪山与黄河源之间的密切关系。有意思的是，麻多乡东边的“卡里恩尕卓玛”是位“银白色仙女”，在辽阔高远的黄河源头，西金童东玉女，遥遥相视，双双守护着母亲河的源头。

环雅拉达泽山峰的盆地西部，属于柴达木盆地流域，其水流流经昆仑山到格尔木，注入察尔汗盐湖。

6. 黄河源头小学的变迁

在黄河源这样荒芜偏远的地方，有黄河源第一寄宿小学，这实在是件令人惊讶的事情。

麻多乡属于青海省玉树藏族自治州曲麻莱县，位于县城北偏东约200千米处。

为了每一位居于最偏远地区的孩子都有学上、有书读，当地政府建立了不同类别的学校。随着人口的变迁，黄河源头的小学也有三次变迁。1999年，在玛果果曲下游2000米处的一个高地上，黄河源头第一小学正式开办，当时，这里只有3排房子，共20间校舍，17名小学生，一位常年驻校的校长兼教师；2008年，学校规模扩大，校址下移，由爱心人士资助，在翻越约古宗列盆地分水岭不远的青鸟龙洼小河旁边，建立了新的小学。后来，由于牧民的搬迁，学校与乡政府所在地的第二小学合并，成为一所正规的全日制小学。

虽然远离城市、远离繁华，但是，这里的孩子非常好学，老师极为敬业。有的老师甚至来自河南，与当地藏族教师一起为孩子的成长做出巨大努力。

第二节　高原明珠姊妹湖

扎陵湖、鄂陵湖是黄河源地区具有地标性的风景，甚至在 1∶12000000 的中国地图上，这对高原姊妹湖也赫然在目。围绕两湖周边，自古至今，有无数动人而美丽的传说。

还是让我们从玛曲冲出的第一个峡谷——茫尕峡谷说起吧。

1. 星宿海是神仙住

玛曲出茫尕峡谷后下行约 20 千米，有一大片沼泽地。

这是黄河源出盆地、进玛涌滩和扎陵湖前的一片沼泽地，由于地势平缓、水草丰茂，在草原上形成大大小小数不清的“海子”，在日光月影之下，有

▲
鄂陵湖

如天上繁星点点，故被誉为“星宿海”。《新西宁府志》记载道：“星宿海……南北汇水汪洋，西北乱泉星列……每月即望之夕，天开云净，月上东山，光浮水面，就岸观之，大海汪洋涌出一轮冰镜，亿万千百明泉掩映，又似大珠小珠落玉盘。”星宿海是中国武侠小说中聚集武林高手的地方，也是藏族英雄屯兵之所。

但遗憾的是，由于气候变暖、水量减少等原因，星宿海已变得不那么光润，有一些年份，它会失去往昔风采，许许多多的水泡子洇到了地下，马蹄坑状的草甸子没有水的洇润，渐渐被风沙抚平。远远望去，除了在草滩中央逶迤的玛曲和紧贴对岸山脚的卡日曲，几乎看不到犹如闪着星光的明亮的海子了。

星宿海，你去哪里了？莫非你已不能忍受干涸与沉寂的草原，而重返天界了吗？

2. 格萨尔王的马蹄声

格萨尔王是藏族传奇。

在广大的青藏高原，在青海湖、日月山，在藏北草原、甘南大地、川西深山以及美丽的云南等地，几乎都有关于格萨尔王的遗迹和传说，当地人说：“每一个藏族同胞心里都有一个格萨尔王的故事，每一处藏族人民生活过的地方，都有格萨尔王的痕迹。”

麻多乡附近的牧民认为，格萨尔王最为辉煌的业绩是在这里创造的。这里有他的登基台和练兵场，他的英雄史诗是从这里开始的。在麻多乡东约 40 千米、星宿海东北紧贴公路边的一座山岭上，还留有格萨尔王登基台遗址。

这是一座不高的小山，或者准确地说是一个陡直的小丘陵，山坡上植被稀少、山体破碎，散乱的片石有棱有角。在半山腰上，有一块石碑，上书：格萨尔王登基台。下面用汉藏两种文字简要介绍了格萨尔赛马称王登基台的位置，并告诉人们，眼前山下广阔的星宿海以及草原，就是格萨尔王征战前的练兵场。台上有一座小寺庙，在一览无余的河谷和丘陵地带，显得孤独而

▼
草原秋季的黄河

醒目。寺庙外面堆放着一排排镌刻着藏文的六字真言石片。寺庙东，是一排八座白塔，塔前矗立着一尊骑马的英雄，这就是格萨尔王的塑像。但见这位英雄，阔面剑眉，怒目圆睁，头戴王冠，手执马鞭，金色盔甲上披着各色哈达。在他的胯下，一匹尖耳瘦颊、四蹄劲起的骏马，正侧目草原，势若腾飞。

关于格萨尔，有这样的传说。在很久很久以前，青藏高原地区经历了一场天灾人祸，妖魔鬼怪横行乡里，牧民百姓遭受荼毒，一个个牧歌般的田园被贪婪、恶毒的坏人霸占。大慈大悲的观音菩萨为了拯救黎民、普度众生，就派了神奇童子推巴噶瓦下凡来到这里。这位神仙的凡名叫角如。角如刚来到这个世界上，就面对数不清的凶险，多次遭遇坏人陷害和追杀。但是，众神已赋予他巨大的力量，他出生后就能降妖伏魔。5岁时，他与母亲移居黄河之畔的星宿海，随之，部落也迁移到这里。12岁那年，角如在部落赛马大会上一骑绝尘，夺得胜利，获得王位，同时娶了美丽的姜珠牡为妃。从此，他被称为格萨尔王。自那时起，格萨尔王施展神威，南征北战，降伏妖魔，战胜周边诸王，统一了大小十几个部落和王国。在取得了圆满功德、草原上重现美丽彩虹的时刻，格萨尔王偕母亲和王妃一同返回天界。

这就是藏族英雄史诗《格萨尔王传》的基本故事脉络。

站在这座不算太高峻，但是能够俯望整个广袤草原的山岭上，背对着从北方吹来的瑟瑟冷风，想象风华英俊的少年格萨尔手擎利矛、脚踏马镫、胸怀壮志的样子，他俯瞰着草原上练兵的队伍战马嘶嘶、军旗猎猎，肯定有一种胜券在握的雄心与豪情。他最终成就的事业，也使这个如今远离繁华，甚至有点萧瑟的练兵之地，蒙上了一些神秘的色彩。

3. 扎陵湖与鄂陵湖的错位

玛曲、卡日曲汇合下行后进入一片水草相连的滩地，当地人称为“玛涌”，在这片亦滩亦河的宽阔的沼泽中，黄河行走约40千米进入两湖的怀抱。

这两座湖，西边的那座湖被称作扎陵湖，东边的那座湖被称为鄂陵湖，两湖由约20千米的黄河河道相连接，是全球海拔最高且面积最大的姊妹淡水湖。

两湖位于北纬 34°46'— 35°05'、东经 97°09'—97°54' 之间，西邻星宿海盆地，东靠黑河北山，南有 136 平方千米的沼泽区，北望查哈西里山。黄河源另一大支流多曲，与那扎陇查河隔分水岭相望，发源于巴颜喀拉山北侧诺夫口窝钦峰，逶迤东北行约 200 千米后，在两湖间注入黄河。

从空中俯瞰，扎陵湖是一个不规则的三角形湖，东西长、南北窄，北部为边，长约 38 千米，南端为尖角，平均水深 8.9 米，最大水深 13.1 米，海拔 4292 米。扎陵，藏语，意为白而长。据说，由于它相对较浅，湖面呈浅灰蓝色，故而得名。它的水面面积 528 平方千米，储水量 46.7 亿立方米。鄂陵湖意为蓝而长的湖，它呈南北长、东西窄的三角形，西边为底边，顶角位于正东略偏南，平均水深 17.6 米，最大水深 30.7 米，水面面积 644 平方千米，储水量 107.6 亿立方米，海拔 4268.7 米。

▲
扎陵湖

两湖的秀色是难以言尽的。夏日晴空，两湖湛蓝如碧，倒映着起伏的山峦和白云。无数的飞禽——天鹅、黑颈鹤、斑头雁、野鸭、鹰、鹞，上下飞舞，此唱彼和；倾斜的湖边草场上，各种动物——黄羊、野驴、藏羚、獾、兔、狐狸，还有牦牛、白羊、骏马、藏獒等，尽情地在大自然中奔走；湖中细长的裸鲤等高原高寒鱼类摆动尾鳍，漫不经心地游来游去。湖岸形成一道连一道的巨大蓝色弧线，碧蓝的水波轻轻拍打着周围的砾石、草根、岸崖，把湖岸磨砺得平滑光润。冬季，高原整个被白雪覆盖，形成一个蜡象奔腾、天地相接的世界，峻岭、矮丘、水泊、草甸都淹没在雪海中，阳光下的雪闪烁着珍珠般的光泽，两湖更显瓦蓝清澈，有如玉宇琼楼里的明珠。

在海拔近4300米的高原上，扎陵湖、鄂陵湖这两个由喜马拉雅山运动托起的天池，仿佛一对秀丽的少女，依偎在茫茫高原那雄浑博大的肩头。

两湖古称“柏海”。唐贞观十五年（641年），文成公主与藏王松赞干布结亲，送亲与迎娶的队伍就在这里相会，驻扎在“柏海”边。

▲
青藏高原

▲

鄂陵湖的野鸭群

19世纪80年代，俄罗斯冒险家普尔热瓦尔斯基（发现并命名青海湖普氏羚羊的探险家）进入两湖南部探测后，居然宣称他们首次发现两湖，并为两湖分别起了俄文名字。这一举动，引起世世代代居住于此的游牧民族的强烈抗议，其所起的湖名自然也不为中国人承认。据史记载，普尔热瓦尔斯基也成为不受藏区同胞欢迎的探险家，受到藏族同胞的顽强抵制，最终没有实现他企图进入唐古拉山以南藏区的勃勃野心。

中华人民共和国成立后不久，国家组织了第一次黄河源区的查勘工作，当时的考察队根据当地藏民的口音，认定鄂陵湖在西、扎陵湖在东，并将此写入了考察报告。1978年，由青海省测绘局再次组织多家单位参加河源考察时，发现当年两湖的名称搞反了，正确的称呼应当是“西扎东鄂”，为此，青海省专文报告国务院，予以了纠正。但是不知为什么，在纠正湖名的时候，没有对乡所在地的名称同时做出纠正，所以，直到今天，鄂陵湖东边的那个乡还是被称作扎陵湖乡，这个乡却又在玛多县，许多人为此感到疑惑。这也为到黄河源探险的人们增加了趣味。

4. 乌黑闪亮牛头碑

到两湖，如果想看湖光山色，必须登高眺望。两湖间恰恰有这么一座神奇的山峰，藏语称这座山为“措日尕则”。

从玛多县城出发，行约60千米就到了湖边，再沿着蓝色大弧线的边缘向西南方向行约40千米，就能看到这座山峰。此山海拔4610米，盘山公路将近20旋，才得抵达山顶。山顶竖有一块巨大的石基铜碑，令人瞩目。此碑立于20世纪80年代，以牦牛角为形，以乌黑色铸铁为材料浇铸并锻以麻点而成，硕大的一对牛角粗犷强劲，直指天空；其周围布满各色哈达、经幡。在万里高原上、在阳光下、在风中，牛角黑光闪闪，经幡呼声猎猎。碑座上分别有用汉藏之文书写的“黄河源”三个描红大字。因为有这样一块牛角形石碑，所以措日尕则山又被称为“牛头山”。参拜黄河源的旅游者，站在这里，抚摸着“黄河源”三个大字，遥望银光闪闪的雪峰和两湖周边数不清的宛如丝带般从天际飘来的溪流，那种探行至母亲河源的激动心情，便会油然而生。

据史料记载，唐贞观九年（635年），朝廷派大臣侯君集、李道宗与吐谷浑作战。侯李二人登高观览黄河源，定是登上此山的。

5. 黄河源头第一县

玛多，众所周知，即玛曲上游；玛多县，意即黄河上游之县。在玛曲曲果，还有一个麻多乡，又被称为黄河源头第一乡。

这是怎么回事呢?

如果从藏语语音来讲，二者其实是一样的，这两处均指黄河之上游，为了有所区别，在汉字标注方面，才有玛多与麻多之分。但是，如果从行政区划来看，这两地不仅居于不同的县治，还分属不同的自治州，玛多县属青海省果洛藏族自治州，而麻多乡隶属青海省玉树藏族自治州曲麻莱县。

从西宁出发，走214国道，翻越河卡山、鄂拉山、姜路岭等海拔都在4000米以上的垭口，自东北角进入玛多县境。国道斜穿全境，再自巴颜喀拉山垭口出来进入玛多县。

玛多县南北宽207千米，东西长228千米，四周被高山环绕，中部地形开阔、平缓，滩地与丘陵相间，属典型的高原地貌。境内山峦起伏，河流纵横，湖泊众多，星罗棋布，历史上号称“千湖之县”。从地图上看，星星海、冬给措纳、苦海、岗纳格玛错、阿涌尕玛错、阿涌贡玛错等湖泊规模都很大。玛多县在青藏高原腹地，气候恶劣多变，据实测资料表明，县内最低温度曾达到 -50℃。

下214国道，向东北方向行约3000米即到玛多县城所在地玛查里。在黄河沿，有连接214国道的黄河桥，此桥曾号称“黄河第一桥”。桥西侧是黄河万里第一水文站，常年不间断地监测着黄河水量的变化。

麻多乡远离交通要道，无论是从两湖还是翻越巴颜喀拉山从曲麻莱县折回，都要经过无数高山峻岭和沼泽水泊，行程十分艰辛。所以，一般的旅行者来到玛多县，并且沿鄂陵湖登上措日尕则山观览河源，即称得上到了黄河之源了。所以，人们通常把玛多县称为黄河源头第一县。21世纪以来，国家加大西北地区的基础设施建设，从县城到乡镇修筑了公路。如今，行到麻多乡，进入约古宗列盆地参拜黄河源头，已经变得相对容易了。

第三节　巴颜喀拉山

青藏高原乃万山之祖，分布着世界上最为著名的一系列山脉，自南至北分别有喜马拉雅山脉、冈底斯－念青唐古拉山脉、喀喇昆仑山脉、唐古拉山脉、昆仑山脉和祁连山脉，其山脉纵横高拔、雪峰连绵，是中国乃至东南亚大江大河的发源地。

1. 江河分水岭

巴颜喀拉，蒙古语，意为富饶黑色的群山，藏语称为“职权玛尼木占木松”，即祖山的意思。这一著名山脉是长江与黄河的分水岭。

巴颜喀拉山属于昆仑山脉中段南支，呈西北东南走向，长约 780 千米。其山脉西端起于东可可西里，可遥望昆仑

星星海 ►

山的玉珠峰，东至松潘高原和邛崃山脉。它的大部分地区海拔在4500—5000米，其西端最高峰巴颜喀拉峰海拔5266米，东部最高峰年宝玉则峰海拔5369米。由于相对海拔较高，加之地域辽阔，所以，这里虽然群山起伏、雄岭连绵，但是相对来说山峰并不险峻，比较平缓，有的山峰很像米芾画下的五岭，浑圆粗犷。巴颜喀拉山属于大陆性寒冷气候，空气稀薄、气候酷寒，一年之中会有八九个月的时间飞雪不断，冬季最低温度达到-35℃。许多海拔5000米左右的山峰有常年不融的皑皑积雪。温暖季节比较短暂，一般只有三个多月时间，而且气温较低，即使是盛夏时节，最高气温也不过10℃左右。

古代称巴颜喀拉山为"昆山"，又称"昆仑丘"或"小昆仑"。《山海经》记载，"昆仑山在西北，河水出其东北隅"，"出其东北隅，实唯河源"。可见从我国远古时代，人们就已认为巴颜喀拉山北侧为黄河的发源地。现代地理表明，巴颜喀拉山脉西部是长江北支楚玛尔河的各支流；长江东支当曲和西支沱沱河在唐古拉山镇东约60千米处的囊极巴陇汇合，又在曲麻莱县西的叶格镇附近接纳楚玛尔河，形成通天河。最为明显的是其中段东经95° 55'—96° 20'，黄河支流卡日曲、那扎陇查河与长江通天河支流色吾曲隔岭相望，在翻越加巧折西那峰时，能深刻体会到一山分两河的奇妙感受。

行至214国道上的巴颜喀拉山垭口，海拔4824米。垭口两侧，东边是一座馒头形圆顶山，西边是两座毗邻的尖峰，海拔均在5000米以上。行进于此地，最能真切地感受到什么叫作分水岭。巴颜喀拉山北坡平缓，南坡相对崎岖。由于该山系阻挡了北下的云团，其南坡雨量较大，从山坡伊始，水流相对湍急。从北面翻过山垭，就能看到水量明显增大。一条条小河，从山顶顺着沟哗哗地淌下，到了滩地，河道曲曲弯弯，形成较大的水泊，在阳光下闪烁着五彩的光芒，好似串串珍珠项链撒在广袤的草原上。成群的牛羊散养在河滩，在阳光和云朵下，它们的影子时而倒映在河边和小水泊里，时而又消融于草间。

▲
黄河源的回旋河流

2. 高原之舟——牦牛

巴颜喀拉山脉虽然地势高寒，气候复杂，但雨量充沛，山岭之间是广袤平坦的高原草场，这里适合被人们称为"高原之舟"的牦牛和藏系绵羊生长，故有"牦牛故乡"之称。

青藏高原的牦牛是高原之宝，它常年生长在海拔3800—5000米的高原寒冷地带，是游牧民族生产、生活的百宝箱。牦牛全身生长着粗而长的绒毛，既可以在寒冷天气下保护全身器官，又可以为牧民提供帐篷、衣物的原织物，用牦牛奶制作的食品是牧民的主要食物。牦牛体大力强，可以驮起超过本身体重的物品。它每日行走30—40千米，还可以作为牧民的坐骑。

▲
草原上的牦牛群

牦牛生性善良，与人为友，同时它不惧群狼，甚至敢与棕熊搏斗，被称为牧民的“高原之舟”真是再恰当不过了。

3. 悠悠长长唐蕃古道

自青海省西宁至西藏拉萨，由214国道连接，途经青海省玛多、玉树(结古镇)、曩谦，西藏昌都、那曲、拉萨，这条线路已有至少1300年的历史，在古代，被称为唐蕃古道。

这条道路也被历史学家称为“西南丝绸之路”。它东起长安城，西至吐蕃古城罗些(今拉萨)，有3000千米之遥，并延伸至印度、尼泊尔，是中原大地与南亚相连的重要通道。

唐蕃古道上流传最广的应是文成公主的故事。据史载，公元629年，年仅13岁的藏人松赞干布称王，经3年大小征战，统一了青藏高原，并于公元632年跨过雅鲁藏布江，定都罗些。这位吐蕃大王颇有战略眼光，他通过与周边国家结亲达到和平目的。在东方，经过几番讨婚，与唐太宗李世民达成协议，唐太宗将宗亲文成公主嫁给他。自此，文成公主的故事，便流传在这条古道上。在日月山，有文成公主回首遥望长安泪涕滂沱的日亭、月亭；在年宝玉则，众多的湖泊，传说是文成公主思念家乡的泪珠汇成的；在鄂陵湖边，有送亲迎亲的队伍驻扎于“柏海”“观览河源”；在结古镇，有香火甚旺的文成公主庙；在拉萨，甚至宏伟巍峨的建筑群布达拉宫，也是为文成公主而建。而文成公主为汉藏民族的往来、文化的交流与繁荣所作的贡献，更是具有划时代的意义。文成公主的足迹与传说，遍布青藏高原。

4. 仙女湖与妖女湖

仙女湖与妖女湖是巴颜喀拉山脉中的又一对美丽湖泊。

巴颜喀拉山自可可西里向东绵延700余千米，年宝玉则位于山脉东段，坐落于青海省果洛藏族自治州久治县境内，为一群海拔4000米以上的山峰组成。山群方圆近1000平方千米，位于北纬约33° 18'、东经约101° 6'之间。在它的周围，冰川痕迹十分明显，到处散落着巨大的砂砾质的椭圆形石头，

▲

巴颜喀拉山

▲

群峰嵯峨的年宝玉则

这是冰川剧烈运动的结果，同时也形成了年宝玉则群峰有如箭镞的嵯峨形态。晴空下，群山山尖白雪皑皑，山体挺拔刚劲，青灰色的山尖直刺蓝天，高山融水化作线形瀑布高挂岩壁，滚雪堆云、滚珠溅玉，最后汇入周边山脚 300 多座大大小小的湖泊之中。

年宝玉则，藏语，意为圣洁的松耳石峰，又称果洛山，是藏族果洛部落的神山。传说，果洛草原上有一位英武的猎人，他曾经搭救了年宝玉则山神的儿子。在年宝玉则山神化为白牦牛与恶魔搏斗的紧急关头，猎人又一次出手相援，用箭射杀了恶魔。为了感恩，年宝玉则山神将自己的女儿嫁给猎人。两人婚后，生了三个儿子，分别叫作昂谦本、阿什羌本和班玛本。果洛上、中、下三个部落的族人，就是两人的后裔。

年宝玉则周边号称有 360 座湖泊，但最为壮观的是山体西部的一对姊妹湖，她们一个被称作仙女湖，一个被称作妖女湖。

妖女湖位于年宝玉则山脚下，由于紧临峭壁，乱石嶙峋、坡陡岩滑，而且日照偏少、雪山融水冰冷，湖的周围植被稀少，常常有严冬打雷、盛夏飞雪、风起石鸣、冰雹突降的异常现象，所以，此湖湖色青灰，湖面平静似镜，人们到此，常常有不寒而栗的感觉。

妖女湖与仙女湖间有一条 2000 米左右的河道相连。

仙女湖位于年宝玉则的西北出口。此湖三山环抱，一面为约 1000 米长的冰碛陇，湖水在陇中央蚀穿一道口子，形成小溪，在陇后一片广大沼泽地中向西北方向蜿蜒而去，最后汇入黄河。翻过冰碛陇，有许多巨大的鹅卵石横卧于草地，上面镌刻有“八万年历史见证”“冰川漂砾”等汉字，告诉人们这里的地质形成情况。

仙女湖呈长梭形，宛如一个身材修长的少女。冰碛陇的斜面一直伸入湖中，斜面上长满了各色花草。湖的对面，兀立着青灰色的山峰，一道瀑布映入眼帘。仙女湖畔的山峰常常出现薄纱一般的腰云，这些云在微风吹拂下划过水面，宛如为少女蒙上神秘的面纱。这些山峰、腰云和蓝天白云映照在镜子般的湖面上，如梦似幻。

黄河自玛多县城南穿过黄河沿大桥，与 214 国道并行向东约 25 千米后，开始转向东北方向前行，在巴颜喀拉山、阿尼玛卿山之间迂回前行，进入青甘川交界地区，受邛崃山、岷山阻挡，在若尔盖草原的西缘做出一个华丽大转身——这就是著名的黄河第一湾。之后，黄河大幅度折向西北，受鄂拉山阻挡，又转而继续向东，入龙羊峡。这两个近乎 180 度的大转弯，为黄河带来了丰沛的水量和旖旎的风光。

第 二 章

华丽转身恋高原

第一节　阿尼玛卿山

阿尼玛卿山是黄河流域第一高山，在黄河博大的怀抱中，显得意韵悠长。

1. 曾被视作世界最高峰

阿尼玛卿山坐落在青海省果洛藏族自治州境内，属昆仑山脉东段中支，位于北纬 34° 48′、东经 39° 24′。主山体长约 28 千米、宽约 10 千米，山体为砂岩、石灰岩及花岗岩构成，共有 18 座海拔 5000 米以上的雪峰，其主峰由 3 座海拔 6000 米以上的山峰组成，最高峰玛卿岗日峰海拔达 6282 米。

国外探险家曾一度认为阿尼玛卿山为世界第一高峰。20 世纪 20 年代，美籍奥地利探险家、地理学家、植物学家约瑟夫·洛克根据地势和位置，认为阿尼玛卿山的高度超过珠穆朗玛峰，约为

阿尼玛卿山全景 ▸

海拔 8500 米。1949 年，美国登山探险家雷纳德·克拉克登临此山时，测量它的高度竟为海拔 9041 米。直到 1970 年，我国有关部门测得阿尼玛卿山主峰准确高度为海拔 6282 米。

阿尼玛卿山是世界公认的美丽雪山之一。高原强烈的阳光下，连绵的雪山与周边无际的草甸形成对比，冰川冰舌凝固在沟谷中，无数的溪流在蓝天映衬下呈蔚蓝色，向四面八方流淌；晨光与夕晖下，雪山仿佛黄河怀抱中巍然伫立的金山，雄浑伟岸、庄严宁静。

阿尼玛卿山是一座生物繁茂的山群，在众多溪流交织中，有绿草如茵的草甸；走进大山，海拔 3600—3800 米，有高大苍翠的云杉、圆柏等耐寒性针叶森林；再往上，在海拔 3800—4000 米，有以金鹿梅、山柳、杜鹃等为主组成的灌木丛；雪线附近，则是高原牧场，盛夏时节，黑色牦牛、白色羊群和欢腾的骏马、牧羊犬，在这里尽情地撒欢；花间草地和灌木丛中，生长着大黄、当归、冬虫夏草、贝母、雪莲、蘑菇、蕨麻等几十种高原珍宝，令阿尼玛卿山生机盎然。

2. 藏传佛教的神山

阿尼玛卿，藏语，意为黄河流经的大雪山先祖，它与西藏的冈仁波齐、云南的梅里雪山、青海玉树的尕朵觉沃并称青藏高原“四大神山”。

在安多藏语中，“阿尼”为“祖父、祖先”之意，“玛”指孔雀河、黄河，“卿”为“博大、雄伟”，也有“神力无边”的含义。可以说，阿尼玛卿被赋予了多重神圣的含义，它是藏族奉为开天辟地的九大造化神之一，专司安多地区山河沉浮和天地变化，是藏族的救护神；它又与藏族神话传说中的格萨尔王联系在一起，据《英雄诞生》的一个版本所说，格萨尔王是阿尼玛卿和龙女果萨拉姆所生，阿尼玛卿山又是格萨尔王寄托灵魂之所。

3. 黄河的水塔

中原地区对阿尼玛卿山也早有认识。司马迁在《史记》中援引《尚书·夏书·禹贡》的记述：“禹抑洪水十三年，过家不入门……道河自积石，历龙门。”积石山，即阿尼玛卿山，可见中原地区最初认为黄河源于此山。而《宋史·河渠志》则认为，阿尼玛卿山名为昆仑山，而积石山在甘肃境内，其记云：“（黄河）贯山中行，出西戎之都会，曰阔即、曰阔提者，合纳怜河，所谓‘细

黄河’也，水流已浊。绕昆仑之南，折而东注，合乞里马出河，复绕昆仑之北，自贵德、西宁之境，至积石……”这恰好与我们叙述的黄河流向和流经山脉相一致。

阿尼玛卿山山脉还包括向东延伸至若尔盖盆地西缘的部分，整个山脉是黄河上游重要水源区之一，它有大小冰川 40 余条，源源不断的溪流为黄河提供丰沛的水量。围绕山脉，自南麓至北麓，大的入黄支流有优尔曲、西科曲、东科曲、切木曲和曲什安河等，这些河流多年平均水量有 30 多亿立方米，占黄河源头至唐乃亥间总水量的六分之一左右。

这些河流，还有一个显著的特点，那就是发源高、流程短、落差大，像切木曲，其发源点海拔 5384 米，河长仅有 151 千米，抵达入黄口的海拔为 2910 米，落差达到 2474 米。也就是说，河水每向前行 1 千米，高度就要下落 16.5 米。再如，发源于北麓的优尔曲，河长仅 81.5 千米，落差达到 774 米，每千米有近 10 米的落差。其他几条河流也与这两条河类似。可以想象，除平均值外，在流经的许多地方，这些河水都会像瀑布一样，或跌宕起伏、万马奔腾，或飞雪流云、溅珠漱玉，气势汹涌，蔚为壮观。同时，河的两岸与周边，山路崎岖险峻，人迹罕至。有兴趣的朋友，可以溯河而行，进行一番探险考察。

其向西北方向的水流，则注入玛多县冬给措纳湖，最终流向格尔木盆地。

第二节　唐克湾的弦歌

黄河在四川唐克乡与白河汇合，在大地上画了巨大的对号，又好像高原的华尔兹旋转步，充满了柔美和力度，为中国西部增添了无限魅力。

1. 黄河第一湾

黄河第一湾位于四川省若尔盖县唐克乡北约 12 千米处。在大湾的顶弧，有一座高约百米的山岭，观赏黄河第一湾，登高望远，非它莫属。

沿山道拾级而上就会发现，随着高度的变化，黄河在眼前呈现出无穷的变化：初而为南北流向一“扁湖”；再登高一看，自南而来的白河汇入黄河；继而一望，大河如泼墨之笔写游龙，摇头甩尾自西而来；继续登高，黄河如丝，从天际渐次飘来。远山如黛，大地辽阔。

从空中俯瞰，这是一个纵横数百千米的盆地，地理上称为若尔盖盆地。它仿佛是由岷山和巴颜喀拉山托起的一只巨大的碟子，由东南向西北方的阿尼玛卿山倾斜，这个碟子的中心，就在唐克镇附近，所以，这一带又被称作“唐克湖盆”。由于地势平坦，这里沼泽相连，绿地如茵，水泊遍布。黄河从上百千米之遥的源头自西北向东南飘来，天际处，只如一缕青丝，曲曲折折，一个半圆接着一个半圆，逐渐向眼前伸展，越来越宽广，终成一条大河。在这片盆地里，黄河水面变得平缓如镜，好像一个调皮的少女忽而长为大姑娘，变得平静、端庄、羞涩，而又不失婀娜。发源于巴颜喀拉山东端的白河，经过 250 千米的路途，似

▲
黄河第一湾

乎变得有些劳累，悄悄地依偎在她的怀抱。两河相汇处，几乎分不清哪个是黄河，哪个是白河。

黄河第一湾是摄影爱好者拍摄黄河的绝佳地段。这里视野开阔、两河环抱，远山近水、沙洲遍布，草原如毯、灌木杂丛，帐篷点点、炊烟袅袅，牛羊漫步、鸡鸣犬吠，既有中国山水画之旷远，又有田园风光之秀丽，朝晖夕阴，晴空雨虹，变幻莫测，气象万千。

唐克，当地藏族百姓称为“嫣唐热娥妃”。这是古代一位女子的名字。传说，一位叫马扎西昂的藏族小伙子，信马由缰，逐水而行，来到这里创业。当地一位叫唐热的大土官看中了年轻小伙的坚强聪明，便将自己的女儿嫁给他。夫妻二人勤奋节俭，经过努力，家业逐渐兴旺起来，成为这一带的大部落。因为这位女子是唐热的女儿，又是这个部落的夫人，当地百姓便称她为“唐克”，随之这一部落也就被称为“唐克”。

▲

白河入黄河

2. 黑白河

若尔盖盆地处于青甘川交界处，位于黄河干流，黄河支流白河、黑河与长江支流白龙江、岷江、大渡河等数条著名河流分水岭处，地理位置十分独特。1973 年前，教科书表述的是，黄河流经中国八省区。

这种表述就是忽略了这一角。此后更正，加入了流经四川省。黄河虽然只是在这一角飘然而过，但是慷慨的若尔盖不以途短而不予，向黄河奉献了两条水量充沛的河流——白河与黑河。

白河发源于巴颜喀拉山东端查勒肯，全长 269 千米，全境在四川省境内。白河相对于黑河而言，两岸泥炭沼泽发育较弱，河水清澈明亮，故被称为白河。黑河发源于岷山西麓海拔 4335 米的冬亚恰，自东南向西北方向流，全长 456 千米，于甘肃玛曲县境东南的曲果果芒附近注入黄河。黑河因多数河段流经泥炭沼泽，河水呈黑色，故被称为黑河，又称“墨曲”。

两河水量丰沛，年水量达到 36 亿立方米，地下水资源有 13 亿立方米。

黑河与白河流经这样一个盆地，水流阻滞，有许多大弧度的呈“Ω”形（又叫牛扼弯）的河湾，比如四川红原县的月亮湾，就是一个著名的观景之处。站在公路旁边一处小山坡上，月亮湾呈弦月形，河水清澈，蓝天相映，草原广阔，山峦起伏，如果是晴空月夜，一轮明月悬于高空，或如澄镜，或如细钩，与地上平静的月亮湾交相辉映，令人飞思遐想、流连忘返。

甘南草原

据考证，黑河、白河流经的若尔盖盆地自第四纪初以来向东南方向推移，受刚硬的四川地块的阻挡，地块边缘倾起，盆地内部相对凹陷下沉，造成河网稀疏、水流不畅的地理特性，原本冰川作用形成的宽谷河床的堆积物以及高寒湿润条件下草本植物腐化不彻底，加快了泥炭堆积和沼泽发育，形成了我国中纬度高寒地带最大的一片泥炭沼泽地。这片沼泽地的泥炭厚度一般为 2—3 米，最厚处达 9 米，地表常年积水，表面呈草丘团状，人畜行走其上，常常会陷下去，造成灭顶之灾。旅行者行到此处，对于美丽的诱惑，要有清醒的认识，千万不可贸然冲进草地，以防不测。

这一地区作为长江、黄河的分水岭地区。有人预测，在地球构造不断变化的情况下，按照河床溯源冲刷向上延伸的原理，白龙江、岷江、大渡河、白河、黑河等数条河流，将会相互袭夺，也许有一天，不知哪两条河的源头贯通，形成一条新的大河或改变流域版图。当然，这一天，是以地质运动年代数十万、数百万年计的。不知谁有幸能看到这一奇观呢？

3. 美丽的甘南草原

黄河在唐克大转弯，接纳了白河、黑河，进入甘肃省南部地区，通常这一地区被称为甘南藏区。

甘南地区的玛曲、夏河、碌曲三县，多为草甸草原，有许多美丽的大草原和生态湿地，如西梅朵合塘、桑科草原、玛日扎西滩、金木多扎西滩、宋葛尔等，还有甘南藏族同胞心目中的圣湖尕海。这里海拔在3100—3400米，地势平坦、气候适宜，比之海拔4000米以上的高寒高原来说，这里更适合人们度假休闲。

进入夏季，绿色的草原其实是一片花的海洋。这些花，有的低矮，好似情人间依肩偎怀；有的亭亭玉立，像骄傲的少女摇曳腰肢。说到色彩，那更是令人眼花缭乱：有金灿灿的金莲花、粉红色的花毛茛、紫色的狼毒花，甚至还有极为罕见的蓝色龙胆花。这些五彩花朵，有的小如豆籽，有的大若拳掌，在狂奔的马影和嘹亮的歌声中，组成一幅巨大无边的画卷，沿着黄河首曲，铺展在远处皑皑雪山和深蓝色天空下，令人心醉神迷，好似流连在天堂世界。

西梅朵合塘位于玛曲县城以西约120千米的欧拉秀姆乡，绵延数十千米；桑科草原又称达久滩（意为跑马滩），位于夏河县城西南侧，是一片群山环抱、中间平坦的高山草原，大夏河自南至北缓缓穿过。

甘南藏区牧民夏季的盛大节日是香浪节。每年7月中旬鲜花盛开的时候，藏族同胞穿起节日的盛装，举家出游，在草原上、在黄河边，搭起绛色、白色的帐篷，与亲朋好友欢聚在一起，举行“煨桑”、赛马、摔跤、歌舞等一系列具有地域特色的狂欢活动。入夜，男女老少围着篝火，跳起锅庄舞，热烈奔放、浪漫多情。

甘南最著名的湖泊是尕海。它位于玛曲县城东北约50千米的一个山间盆地中，湖东临213国道，沿公路行车可远览湖光山色。尕海好似一个以西北角为顶点向南展开的扇子，水流从西北角经一段约4千米的小峡谷后流进一片沼泽地，形成小溪，行约50千米后入洮河。尕海四面环山，坡势平缓，水面一眼望不到边，湖岸湿地相连，好像一块块用蓝天、白云、绿草打底的油彩画，不时有水鸟划过天空，打破寂静的水面。湖的东北角修建了一座四檐翘角的木质瞭望塔，是眺望、拍摄湖中飞禽的绝佳处。

甘南藏区还是藏传佛教寺院的集中地，最为著名的是拉卜楞寺和朗木寺。

拉卜楞寺位于甘南藏族自治州夏河县，是藏传佛教格鲁派六大寺院之一。寺院具有显著的藏族风格，重要佛殿均筑有铜质鎏金法轮、阴阳兽、宝瓶、幡幢、雄狮等，有的殿堂屋顶还有鎏金铜瓦和绿色琉璃瓦，雕梁画栋，金碧辉煌，在高原雪山下，尽显庄严巍峨、宏伟磅礴之势。

拉卜楞寺还以丰富的藏书闻名，分为哲学、密宗、医药、声明、历史、传记、工巧、天文、文法、修辞等十余类。这些书籍中，有黄教创始人宗喀巴的原作真迹，有班禅和各大活佛的论著，还有用金汁书写的《贝叶论》《贤劫经》，银汁书写的《松赞干布传记》，以及用金汁、银汁、珊瑚粉、松耳

▲ 玛曲县贡赛尔喀木道湿地生态旅游景区

▲
尕海

石粉、珍珠粉等六种粉汁书写的《金刚经》等稀世珍本。拉卜楞寺既是国宝，也为世界各国佛教界所瞩目，被誉为“世界藏学府”。

朗木寺位于甘南碌曲县60千米处的深山中，最为奇特的是一溪之隔跨两省。隔着一条小溪，西北一寺坐落在甘肃境内，东南一寺坐落在四川境内。这条小溪大名鼎鼎，就是嘉陵江上游白龙江的源头之水。

朗木寺四川一侧被称为纳摩寺，寺前山势险峻，林木葱郁。甘肃一侧被称为朗木寺，山势平缓，树木稀疏。两寺间小溪有一二米宽，上有许多木板搭成的小桥，方便人们来回。沿着小溪上行，穿过一段峡谷就可以找到溪水源头，有清亮无比的泉水从崖底潺潺涌出，掬一捧泉水而饮，甘甜清冽，沁人心脾。沿着这条始称为白水河的溪流下行，穿过崇山峻岭，可以抵达嘉陵江，再顺流而下，就可以到达滚滚长江。

甘南地区，值得背上背包，满载梦想与豪情尽情一游。

第三节 青海的青海湖

青海湖并不在黄河流域，而是一个独立的水系。但是，黄河水自唐乃亥入龙羊峡，完成了她的源头之旅。向北眺望，隔青海南山山脉，就是青海湖。这一带，是旅行者必去之地。

还是让我们的脚步放远一些，先到这里看一看。

1. 农牧分界线——日月山

日月山位于北纬36°26'33"、东经101°5'48"，其最高峰海拔4877米。日月山是中国青藏高原与黄土高原、中国农业与畜牧业的分界线，地理位置重要，地位突出。因山岩多为第三纪紫色红岩，山体呈红色，唐代被称为“赤岭”，是当年通往唐蕃古道和丝绸之路的必经之地。

现在人们所指的日月山是坐落于原109国道垭口处两座对峙山峰的一处

景点，这里海拔约 3520 米，道路两旁的山峰各建有一座亭子，分别被称为日亭、月亭。日月山、日月亭与唐朝文成公主的故事紧紧联系在一起。为了对这一景点进行保护和开发，原经日月山垭口的 109 国道进行了改线，于山之南坡另辟新路，成为“西宁—倒淌河”公路的一段。

传说，文成公主远嫁藏王松赞干布时，皇帝特为公主打制了一对金银宝镜，并告诉公主，如果思念亲人，可拿出这一对宝镜照一照，亲人会立即从镜中出现。迎亲藏使禄东赞机敏过人、虑事缜密，当他得知公主有这么一对镜子后，为了打消公主对父母和故乡的思念，就偷偷把金银宝镜换为石制镜子。唐贞观十五年（641 年）的正月，正是寒风呼啸、滴水成冰的季节，嫁娶的队伍行至内地与吐蕃分水岭——赤岭。站在古道垭口，文成公主西望高原山野茫茫、衰草无边，东望家乡山重水复、遥遥无际，思乡之情油然而生，便令人从行囊中拿出宝镜来照。谁知，一对宝镜早已被偷偷换为石镜，哪里还能看到亲人？禄东赞趁机劝说：“皇帝财宝无数，却以石镜陪嫁，未免重财轻人。”文成公主闻听此言，黯然神伤，两泪涟涟，思前想后，知此生命运必与吐蕃相连，遂决绝摔镜，无顾前行。而公主所摔破的石镜，即化为日、月二峰。

目前，日月山风景区的公主泉、回望石、日月亭以及亭中的壁画，无一不与文成公主有关。

站在日月山上，东西两望，风景迥异。山之东侧，为中国传统的农业区，梯田阡陌纵横，乔木高大笔直；山之西侧，风吹草低，牛羊成群，崇山峻岭直抵云际，能够真切地感受到“草原门户”的独特风情。古代，中原地区与高原民族之间往来必在此地驻足，或进行物质交流，或流连小憩，由这里西眺青海湖，所以，日月山又被称为“西海屏风”。

2. 倒淌河

倒淌河发源于日月山西麓的察汗草原，自东向西注入青海湖的子湖——耳海（藏语称措果），河长仅 40 千米。此河渊近流短，河床曲折蜿蜒，河水清澈平静，好似一个女人忧伤的泪水，又因流向与众多向东的河流相反，

▲
青海湖沙洲

故被称为倒淌河。其实，不仅在全国，即使在青藏高原上，自东向西流淌的河流也不少，为什么独独此河被称为倒淌河呢？这是一个历史之谜。而传说之一是，这条向西流淌的河水，是文成公主离开日月山后，伤心难忍，泪流不止，泪水形成小河。由于西去之心已决，所以，她的泪水也不停地向西流淌了。

据地理学家考证，青海湖水系包括倒淌河，远古时期同为黄河流域，其水注入黄河。而且，倒淌河的地质情况显示，它曾经是青海湖最长的河流布哈河进入黄河的古河道。大约 13 万年前，随着青藏高原的地质运动，日月山、野牛山隆起抬升，阻断了外流河道，致使山之西侧的河水逐步改变方向，形成今日之倒淌河。

倒淌河发源处现为倒淌河镇。该镇为自东向西、Y 字形的布局。以西宁市为原点的青藏公路、青康公路，在此镇分别向西北、西南方向延伸。向西北延伸的，至青海湖达格尔木后向南翻越昆仑山进入可可西里，最终到达拉萨，此为 109 国道；向西南延伸的，至共和县恰卜恰镇，翻河卡、鄂拉高山达玛多县，再翻越巴颜喀拉山，进入玉树，而后进入四川或西藏，为 214 国道。镇中路口处有一座用汉白玉雕成的文成公主塑像，坐西面东，裙裾飘然。

3. 青海湖

过了倒淌河镇向西北方向望去，即可隐隐看到天边一缕蔚蓝在周山环抱之中。那就是全球海

▲

油菜花盛开的青海湖

拔最高、面积最大的内陆咸水湖——青海湖。青海湖蒙语名为“库库诺尔”，藏语名为“措温波”，其意均为“青色的大湖”，青海省亦因青藏高原上的这座大湖而得名。

青海湖是大自然馈赠给青藏高原的瑰宝。

她位于北纬 36° 32'—37° 15'、东经 99° 36'—100° 46'，现海拔约 3196 米，湖面面积约为 4300 平方千米，相当于西藏纳木错湖的 2.2 倍（纳木错湖海拔 4718 米，湖面面积 1920 平方千米，是全球海拔最高的咸水湖）。青海湖群山环抱，其东是日月山，西南是山势嵯峨的橡皮山，西北为丘陵和天峻山，南依拉脊山（又称青海南山），北望大通山，山岭海拔大都在 4000 米以上，流域最高峰岗格尔肖合力峰海拔 5291 米；有 40 余条河流源源不断注入湖中，是一个自成体系的闭流湖区。

6—8 月是青海湖最美的季节，在深蓝色的天空下，白云朵朵从高山背后升起，湖水一望无际，碧波浩渺，水天一色，澄澈纯净，典雅华丽。从高山顺铺下来的绿色草原，一直延展到湖边。四面八方流淌的溪流，回环往复，时宽时窄，其间还串联着一个个小湖泊，似乎是一条条晶亮的珍珠项链悬垂于湖岸。特别是油菜花盛开的时节，从山坡到湖岸好像一块金黄与碧绿相缀的地毯。海洋般的湛蓝、无垠的碧绿、方块形的金黄以及蓝天白云，形成浩瀚粗犷兼具秀丽隽永的青海湖风光。夜晚，一轮巨大的圆月从日月山升起，如果此时从远处瞭望青海湖，湖岸好像比周边略高，湖水圆润饱满，在银亮的月光下，群山伟岸高峻，湖水波光潋滟、将溢未溢。正是：高空明月，湖波潋滟，冰清玉洁，天上人间。

如今环青海湖一周约 350 千米。据史料记载，1500 年前的北魏时期，环湖一周号为千里，唐朝时，尚称“八百里西海”。湖岸后退、湖面下降、湖水减少，是因为青海湖地处高寒半干旱地区，入湖水量与蒸发量相比，每年逆差 5 亿多立方米。青海湖地区连同青藏高原曾是古地中海的一部分，随着欧亚大陆板块漂移，地壳抬升，青海湖周边高山隆起，形成三倍于今天的巨大湖泊，并且湖泊与黄河相通相连；约100万年前第四纪地质运动，湖东的日月山隆起，阻断了湖水东进的河道，约13万年前，逐渐形成今天的闭流湖区。专家分析，在地质、气候、降雨等条件不变的情况下，随着湖面减小到一定程度，那时青海湖入湖水量与蒸发量就会基本平衡，达到稳定。当然，前提是，人类要珍惜自然、呵护自然，保护我们的绿水青山。

无论登高嵯峨的拉脊山还是近临喧嚣的鸟岛，无论是查阅纵横的史书还是观览五彩的风光，青海湖远近皆宜，是旅行休闲必去之地。

第四节　天下黄河贵德清

我们还是回到黄河身边。

沿着甘南美丽的草原，黄河进入峡谷与宽川相间的地带，回到青海境内。受鄂拉山脉影响，黄河在青海省兴海县曲什安、唐乃亥附近再次大转弯，向东北方向流去，进入龙羊峡水库。龙羊峡水库是万里黄河第一坝，其高度、库容、工程地位，都属黄河龙头电站。这一带峡高谷深，水能资源丰富，龙羊峡以下建有大大小小一连串水库。清洁、低耗、可循环利用的水能资源，形成“高峡平湖”，不仅为西北地区输送了宝贵的电力，而且这一带水质纯净、碧水清流，享有“天下黄河贵德清”的美誉。

1. 清清浊浊唐乃亥

唐乃亥，藏语，意为黑滩。唐乃亥被人们称为黄河源区的门户。从源头第一滴泉水发祥，到这里止，可以说，黄河走过了她的童年时光，净澈、奔腾。在广阔草原上，她无拘无束、自由散漫，在深山峡谷中，她热情奔放、活力四射，看似无所作为，但在稚气中孕育着成熟。之后，她将以其巨大的

▲

唐乃亥

能量，担负起母亲河的责任，走过不平凡的路，为沿岸带来丰收和富足。

唐乃亥是青海省兴海县所辖的乡所在地。兴海县地处鄂拉山东部的平原盆地。从山巅望去，盆地似乎是一马平川的大草原，但是有数条河流把草原切割出深而宽的大沟，沟上草原呈现风吹草低见牛羊的景象，一般是游牧民族生活的区域；沟下河流曲折，汀渚、绿洲相间，有灌溉之便，庄稼、蔬果郁郁葱葱，一般为农耕人家居住。唐乃亥就位于这样地形的沟底。站在唐乃亥西边陡峭的崖边，俯身下望，大河在数千米或数百米的宽谷沟中游荡。唐乃亥以下，河水进入龙羊峡水库，一路狂奔挟带的泥沙和混浊的色彩，

都悄然放下，形成碧波浩渺的高原平湖。

2. 龙羊峡谷

据了解，“龙羊”实为藏语的音译。“龙”是沟谷的意思，“羊”是峻崖之意，由此可知这一带峡谷的陡峭峻险。

站在日月山山巅远看，龙羊峡谷杳无痕迹。这一带被称为共和盆地，是由鄂拉山脉、青海南山山脉、秦岭西倾山三条山系裹挟的东西长约 280 千米、南北宽 30—95 千米的远古冲积平原；喜马拉雅山脉运动时期这里发生了“共和运动”，山地隆起造成了平原起伏；晚更新世，

▲

龙羊峡水库全景

◀

龙羊峡水库泄洪

▶

龙羊峡谷

▲
李家峡水库

这一段黄河开始贯通，在高原抬升过程中剧烈切割，形成平原上深 200—800 米的龙羊峡、野狐峡等峡谷。这些峡谷深且窄，如龙羊峡口，仅 30 米宽，这样狭窄险峻的峡谷，传说高原山羊和狐狸可以一跳而过，故而名之。从谷底仰望天空，天堑一线；从山顶俯瞰峡谷，急流汹涌，势如野马。龙羊峡谷两岸为坚硬的花岗岩，河谷两岸是一片宽阔平坦的盆地，是建设大型水库的理想地带。

自 1976 年开工建设，龙羊峡水库已建成目前我国海拔最高、

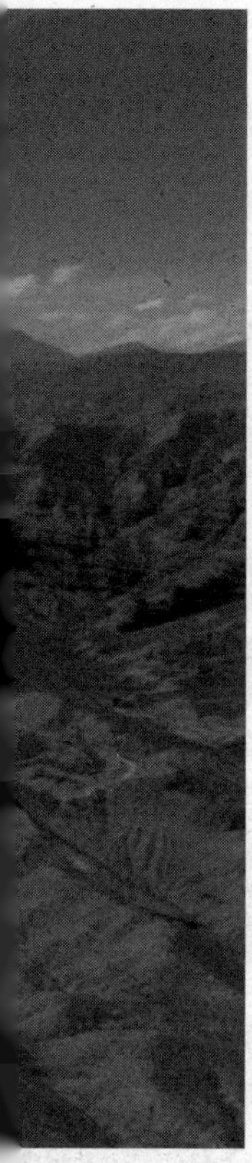

库容最大的水利枢纽，也是我国海拔最高、面积最大的人工“天湖”，湖面面积 380 余平方千米。它的坝高有 178 米，坝长 1226 米，总库容 247 亿立方米，装机容量 128 万千瓦，年发电量达 60 亿千瓦时。站在大坝上向西眺望，云海相接、一碧万顷；向东俯视，壁立千仞、陡峭险绝，瀑布从中而来，声如巨雷，清雾弥漫，构成高原奇特的景象。

3. 贵德

“天上黄河贵德清”，原是民间谚语。2000 年 7 月，时任国务院副总理的钱其琛来贵德，看到这里黄河如此清澈碧绿，高兴地题写了此语，从而使贵德黄河声名鹊起。

黄河出龙羊峡后，川峡相间，一束一放，经拉西瓦峡谷，过三河谷地，出松巴峡。贵德县就在这一束一放间行进 76.8 千米，境内四面环山，平川开阔，土地肥沃，县城所在地河阴镇地处宽谷，河水从中穿过。由于龙羊峡水库的沉淀，出库之水无丝毫纤尘，不似河流源头之水清澈而浅淡，也不似深潭秋水深绿如墨，而是一种浓郁青绿。加之河床变宽、河势平缓，一带绿水碧如翡翠，远处是淡赤色或青灰色起伏的山峦，近岸是丛柳和高大的白杨树相依，愈加映衬出宽广碧绿的大河。信步黄河岸边，不由想起白居易 “日出江花红胜火，春来江水绿如蓝” 的诗句，宛如身处江南风光之中。

紧邻黄河岸边建有一座巨大的莲花底座托起的转经轮，号称世界上最大的转经轮。基座为 48 瓣、15 米高的乳白色的莲花座，基座正面“中华福运轮”几个大字，为十一世班禅额尔德尼・确吉杰布用汉藏两文书写。莲花瓣上的转经筒直径 10.22 米、高 26.285 米，耸立于蓝天白云间；转经筒全身以紫铜铸就，经筒上的浮雕分为三层，最上一层是八尊佛像，中间层是吉祥八宝图，底部为 16 尊佛母像，浮雕表面贴以金箔，在阳光下熠熠闪光。转经轮是藏传佛教中最重要的法器，人们把佛教经文置于经筒内，手持经筒口诵经文，每转一圈就等于念诵一遍经文。这座转经轮以黄河水为动力推动内藏 3 亿部经文的转经筒，寓意为中华祈福，祝愿各族人民和谐安康。

▲
坎布拉晚霞

4. 坎布拉

“坎布拉”，一个很奇异的名字。当地导游解释说，这是藏语，意为康巴人的家园。坎布拉位于青海省尖扎县境内，离西宁市约120千米，黄河干流著名水利枢纽李家峡水库位于坎布拉区域。坎布拉地处我国青藏高原向黄土高原的过渡带，最高处海拔约为3100米，低点为2300米。沿黄河两岸的地形地貌由高向低呈现高原茂林、红岩奇峰、高峡平湖、碧波如带的景象。

人们说，到了坎布拉，一赏森林、二观丹霞、三看碧水、四拜佛地，这里是一个集自然山水与宗教文化于一体的神奇之地。

坎布拉雨量充沛、气候湿润，森林覆盖率达28%，有青海云杉、油松、榆、桦等针、阔高大乔木近30种，加之杜鹃、秀线菊、沙棘、金鹿梅等灌木花草百余种，山深林幽，风景秀丽。

坎布拉属丹霞地貌，最为耀眼的是其连绵不断的红色砂岩形成的形态各异的峰林，配以李家峡水库的万顷碧波，形成美轮美奂的高原风光。坎布拉号称有18座高峰，自西向东依次而立，西有“六仙峰”，中有“六魔峰”，东有“六龙峰”，这些山峰，有的如宫殿，有的如少女，有的一柱擎天，有的如动物萌态十足。行走其间，似乎游走于红峰画廊，正所谓“峰回路转展千姿，丹壁红崖塑万态”。特别是夕阳西下，金色的阳光透过云层，形成万道彩光斜射在万峰丛中，碧波中有峰林，峰林下观湖光，如在画中，让人疑为天堂胜景。

黄河自兰州而下，开始向中国北方迈进，一直走到北纬41度左右，受阴山山脉阻拦转向正东，又受吕梁山拦阻，折头向南。这一段大河就是河套地区。

北纬41度的黄河，在春季开河。水鼓冰开，气势磅礴。

古语：『黄河百害，唯富一套。』如今，这里是石油、天然气、煤炭、稀贵金属富矿地带，能源开发使这一带亦如春暖河开，令世人刮目相看。

第三章

唯富一套观冰凌

第一节　黑山峡的赞歌

黑山峡，位于甘肃省与宁夏回族自治区交界处，在甘肃靖远县大庙村入峡谷，至宁夏中卫大柳树村，全长 71 千米，是青藏高原东北缘、祁连山东端黄河上最后一段峡谷。

1. 千帆万桅看石林

黄河石林位于甘肃省景泰县东南部，与该县中泉乡龙湾村毗邻，是以黄褐色河湖砂砾岩为主的地貌奇观。数百万年前，桀骜不驯的古黄河，携着汹涌的浪涛，左冲右突，狠狠地将这片土地撕开一个大口子。她不舍昼夜地镌刻，毫不吝惜地淘洗，猎猎山风、雨雪冰霜又将石林揽入怀中，像一个痴迷的匠人，不停地打磨这片岩石。风与水的联合作用，铸就石林“峡谷蜿蜒，步移景迁”的绝世景致，赋予石林“陡崖凌空，山倾壁危”的阳刚面孔，绘成石林“连

▲
景泰石林

绵不绝，气韵万千”的不朽画卷。沿途或尖锐或圆钝的山峰相连成簇，草不长、鸟不鸣，但只要你能够联想到的事物，无不扑面而来、活灵活现。这里有唐僧、孙猴子、猪八戒师徒，有情侣相依，有狗熊抱仔，有骆驼仰天，等等，任凭想象。石林占地几十平方千米，高度通常在 80—100 米，最高处 200 余米。区内峡谷皆以“沟”命名，从东南至西北，有 8 个之多。很多人初识石林均是在最大的一条沟——饮马沟。秋日的午后，高耸的石壁之上几朵白云时舒时卷，从石壁间隙漏下的阳光给似石非石的石林蒙上了暖暖的色调，悠长的峡谷空旷寂寥，偶尔几个赶驴人甩起响鞭，鞭声在石壁间回响激荡，一阵粗犷的“花儿”倏然而起又戛然而止，给人莫名的神秘和静穆之感。

与石林一河之隔，还有一片神奇的绿洲——龙湾村，黄河在这里拐出了一个 S 形的大湾——老龙湾，垂直于河面的石林绝壁难以逾越，决绝地挡住了外面的世界。这个 2000 多人的小村庄背山面水、阡陌纵横，安卧在曲流回旋之处，祖祖辈辈过着与世隔绝、自给自足的生活。20 世纪 60 年代以前，龙湾村通往外界的路是沿山修的一层层 S 形的台阶，被称为“天梯路”。后来修了“二十二道弯”，但是路窄弯急，只有驴车、架子车才能通过。除了驴车，旧时村民也常以羊皮筏子作为工具渡黄河。村里主要种植果树，每到夏秋时节，绿蔽河湾、浓荫铺地、瓜果飘香。近年来，龙湾村世外桃源般的景致引来大批剧组驻足，随着《天下粮仓》《神话》《汗血宝马》《大敦煌》等影视剧的播出，龙湾村声名远播。这片沉寂千年的土地骤然加快了追赶时代的脚步，道路更加宽阔通畅了，物质更加丰富充足了，旧屋老椽变成红砖碧瓦，旧时的驴车和羊皮筏子成了城里人怀旧的道具。唯愿龙湾村在日子越过越好的同时，也能远离功利与纷扰，不改恬静淳朴之美，永远保留那份清凉。

2. 水车浇来幸福田

“翻倒，翻倒，喝得醉来吐掉，转来转去自行，千匝万匝未停。停未？停未？禾苗待我灌醉。”唐人徐来军填写的《调笑令》，诙谐生动地描写了筒车（水车的一种）的工作形态和功用。

这种灌溉工具被引入黄河流域西北诸省是在明朝。嘉靖年间，兰州人段

▲

黄河水车

续宦游南方多省，对竹制筒车的高效印象深刻，后按图索骥制作成功，黄河两岸农民争相效仿，清末兰州已有水车150多架。新中国成立前后，上至青海贵德，下至宁夏中卫的黄河岸边，共有水车350多架。1952年，仅兰州就有水车252架，成了真正的水车之城。黄河两岸更是水车林立，总提灌面积达10万亩。

段续对南方水车并没有照抄照搬。因为黄河从青海进入甘肃，两岸为谷地，当地水面与农田的距离往往有10—30米，筒车在水轮上装置水斗，水轮的直径等于提水高度，南方的竹制小水车明显不能适应。段续充分利用当地出产的槐榆柳等木料，加大水车直径到10—30米。为推动这样的庞然大物，段续先修筑窄深的水车巷道，并在水车上游筑扇形坝，将河水逼向水车巷道，通过束水和巷道落差产生的势能冲击水轮，水斗注满水凌空提起，倒入横架的木槽中，木槽由岸及渠，流至农田灌溉。1943年出版的《西北花絮》中说：“水槽穿过城墙，水车与城头并肩。”那时的水车，在每年三四月水涨时开始转动，到冬季水落时止，不辞劳苦浇灌万顷桑麻、浸润丝绸古道、滋养陇原大地，是高原田园风光图上不可或缺的一抹亮色。

20世纪50年代始，电力提灌日渐发达，沿黄河两岸的水车渐次退出，唯独西固区新城下川一架清代所建水车被保存下来。1994年，兰州市在滨河中路、东邻黄河铁桥处建成了14500平方米的黄河水车园，黄河水车又重新出现在人们的视野里。它不知疲倦、慢慢悠悠地转着，间或发出吱吱呀呀的声响。那声音，像长者诲人不倦的絮语，如孩童午夜梦回的呢喃，和着黄河的涛声，唤醒了这座城市最润泽、最荣耀的农耕记忆。

3. 羊皮筏子

皮筏子，古称“革船”，分羊皮筏和牛皮筏两种，是黄河上一种特殊的摆渡工具，据考起于汉代，曾流行于青海、甘肃、宁夏境内的黄河沿岸。彼时没有气筒，筏客们常用嘴对牛皮吹气，所以当地人听到有人说大话时，往往以“请你到黄河边上去”来讥讽，意思是你的底气太足、口气太大，适合去吹牛皮囊，俗语“吹牛皮”即由此而来。后来由于羊皮原料易得、制作简便、易搬运，或许还因为“吹牛皮”难度大，羊皮筏子大行其道，牛皮筏子则几近绝迹。羊皮筏子有大有小，大的载重可达30吨，日行200多千米。20世纪40年代，人们用2000多只羊皮囊拴绑成五条“大船”，从四川广元沿嘉陵江到重庆，运送前线急需物资，黄河的羊皮筏子到长江流域客串了一把，轰动一时。直到20世纪50年代，黄河上的羊皮筏子仍是熙来攘往。新中国建设初期，修包兰铁路时，有些铁轨就是用羊皮筏子运过黄河的。

甘肃省景泰县中泉乡龙湾村，以羊皮筏子多而闻名，家家户户都会做羊皮筏子。关于羊皮筏子的制作，有一段顺口溜：“窜死一只羊，剥下一张皮，捂掉一身毛，刷上一层油，曝晒一个月，吹上一口气，绑成一排排，可赛洋军舰，漂它几十年，逍遥似神仙。”这顺口溜听来简单，实际上从第一道工序到制成筏子下水需半年时间。羊皮筏子要用山羊皮，因为山羊皮轻韧耐磨；

▲
羊皮筏子

制作时间多选冬天，因为冬季羊肥皮质好。宰羊时先把羊头、羊蹄割去，这是唯一一次动刀，然后要完全靠手上力道的拿捏，像脱衣服一样把羊皮整个扒下来，稍有破损即前功尽弃。将剥下的羊皮脱毛后，吹气使皮胎膨胀，再灌入少量清油、食盐和水，然后把留口的地方扎紧。经过晾晒的皮胎黄褐透明，泛着油光，此时即可扎筏使用了。筏子用的木头以防腐有韧性的柳木为上。

“轻似沙鸥水上浮，随波一刹过前洲。夕阳散尽山村客，负筏人归月在头。”这是诗人对黄河上的皮筏子和筏子客生活的生动描写。过去做筏子客是一种艰辛又危险的行当，在怪石嶙峋、宽窄无定、深浅不一的黄河激流中讨生活，让他们有很多忌讳，比如不能说“破”“沉”“碰”“断”等不吉利的字，首次出行还要挂红、放炮、焚香、祭河神。时至今日，皮筏作为摆渡工具已风光难在，会划羊皮筏子的人也越来越少，仅保留少量皮筏供游人乘坐娱乐，它已经成为一种历史运输工具的标本和符号。我们无法预知羊皮筏子还能存在多久，倘若有一天，黄河真的失去这浪尖上跳跃千年的精灵陪伴，会不会显得有些孤寂？

▲
沙坡头

4. 沙坡头

沙坡头位于宁夏中卫县城西 20 千米处的腾格里沙漠南部边缘，南靠巍巍祁连，北望无际沙海，下瞰滔滔黄河。古称沙陀，元代称沙山，清乾隆年间因在黄河北岸形成一个宽 2000 多米、高 200 多米的大沙堤而得名沙陀头，久而久之、以讹传讹就叫成了沙坡头。沙坡倾斜 60 度，人从沙坡滑下时，发出的轰鸣声犹如叩击钟磬后的回响，故有“沙坡鸣钟”之誉，为中国四大响沙之一。

关于这种声音的产生，有多种解释，比较令人信服的说法是：这种声音是由上层运动的沙粒与下层固定的沙层之间摩擦而产生的一种弹性波所引发。但科学的解释通常索然无味，比不上文人的附会更易流传。据传此地古称桂王城，城中有一口巨钟是镇城之宝。桂王之子兵败被俘，为苟全性命发下毒誓：如果逃跑，就被黄沙压死。未几，他却违誓逃回桂王城，不料城里钟声大作，狂沙漫天，瞬间将整座城池湮没。现今，沙坡之下确有一座桂王墓，

▲
腾格里沙漠

沙丘底下还有清泉流出，说是桂城人泪水流成的“泪泉”。人们在此游览，滑沙而下，不知能否听到桂王之子“何必当初”的悔恨之泣？

孕育了沙坡头的腾格里沙漠是中国第四大沙漠，沙层厚70—100米，流动沙丘占71%，沙丘平均每年移动2—5米。20世纪50年代，包兰铁路几经选择确定从这里通过，为避免流沙侵袭，人们想出了用麦草织成方格扎在沙地上的招数，一株株沙生植物扎下了根，解决了科学家苦思冥想未能解决的治沙难题，以最经济的方法成功固定了沙丘，也装点了荒凉的沙漠，当真是大道至简、无招胜有招了。

沙坡头是沙与水交响和鸣之地，不但沙坡头这座大沙山被叫作鸣沙山，据元代史志记载，宁夏中卫鸣沙山南黄河亦被称作鸣沙河，让人不由想起随了夫姓的古代女子。黄河从甘肃与宁夏交界的黑山峡奔突而出，冲向宁夏平原，河谷豁然开朗，这条奔腾咆哮的河流邂逅腾格里沙漠后，竟一改往日脾性，变得温婉恬静，她优雅婀娜地转了一个身，画出一段柔美的弧度，在身后留下一个天然太极图。图中，水环着沙、沙拥着水，沙为水骨、水为沙魂，狂躁暴戾的腾格里难抵这水样的柔情，前行的脚步被牵绊，在黄河岸边站立成一道永恒的风景。

来过沙坡头，才会知道有河依傍的沙漠原来可以如此温润安详。

第二节 富庶的银川平原

1. 堤防与道路并肩

黄河是宁夏赖以生存、发展、兴旺的母亲之河。宁夏段干流全长 397 千米，平原河道长达 267 千米，平均距地面 2—3 米，既不同于上游高山峡谷河段，也不同于下游“地上河”，给两岸带来灌溉便利。银川、石嘴山、吴忠、中卫四市沿黄河分布，这里聚集着全区 57% 的人口、43% 的土地。依河而兴的宁夏，在得到母亲河特别恩宠的同时，也无可避免地要承受她偶尔发作的小脾气。宁夏段黄河洪水的最早记载见于唐代。唐高宗仪凤二年（677 年），“黄河大水，毁怀远县，三年于故城西更筑新城”（今之银川旧城）。明代以后洪水记载逐渐增多，民国三十二年（1943 年）6 月，黄河泛滥，浪涛汹汹，冲刷两岸良田，多至坍塌，滩地或被淹没，或变为深流，禾苗草木，尽随波流去。1939 年到 1988 年的 50 年间，共发生 4000 立方米每秒以上洪水 18 次。

为抵御洪水，历史上沿河群众多自发修筑堤埂。新中国成立后，当地组织群众将自发修筑的局部堤防连接加固，发展为顺河长堤。1964 年，国

▲
青铜峡水利枢纽

家组织11个沿河县、市，按防御6000立方米每秒洪水标准修建防洪堤防280千米，“文革”期间堤防多次遭受破坏。1981年，257千米防洪堤得到整修，同时新修堤防167千米，到1982年两岸已有防洪堤447千米。由于河段特殊的地理位置，加之近年来河道淤积萎缩，原有堤防已不能适应日趋严峻的防洪、防凌形势，2008年以来，宁夏开始通过建设402千米标准化堤防来束缚野性黄河。标准化堤防以区域经济社会发展为主线，黄河防凌防洪为核心，按照“一堤六线”目标要求建设。“一堤六线”重在“一堤”，即黄河标准化堤防的建设，其中，吴忠、青铜峡、银川市区段防洪标准为50年一遇，堤防等级为3级，其余河段防洪标准为20年一遇，堤防等级为4级。“六线”，即“防洪保障线、抢险交通线、经济命脉线、生态景观线、特色城市线、黄河文化展示线”。2010年，标准化堤防全线贯通，新堤防像两条健壮而温柔的臂膀，护佑在母亲河两岸，乡镇、城市和工业园区渐次

▲

宁夏平原灌溉网络

▲

宁夏金沙湾

▲

宁夏中卫市水城

向黄河聚拢，枸杞博物园、黄河书院、黄河圣坛、青铜古镇、黄河楼等一批人文景点点缀其间，宁夏倾力打造的“黄河金岸”初具雏形，“天下黄河富宁夏”的谚语正在这方水土间演绎出新的时代内涵。

2. 古渠今用

“宁夏川，两头子尖，东靠黄河，西靠贺兰山，南边站着六盘山，年种年收水浇田。”2000多年前，中原移民就与当地各民族一起，凿渠引黄，开创自流灌溉、无坝引水的水利奇迹。唐徕渠、汉延渠、秦渠、汉渠等14条骨干灌溉渠，加上支渠、半渠和农渠、毛渠，组成纵横交错的灌溉网络，成为宁夏平原农耕文明发展繁荣的生命之血，使干旱少雨、气候条件并不优越的这方土地成为“塞上江南”和“西北粮仓”。

平原上，各干渠与黄河平行排列，将灌区土地南北分割，人们直接从干渠开斗渠、农渠口，灌溉时常易决口，在河水上涨或暴雨时，渠水只能泄入湖沟。明清以后，平原灌溉面积不断扩大，排水设施未得到相应建设，导致沟道混乱、湖沼密布。清代乾隆年间，仅银川附近就有较大湖泊48个，河东河西均有72连湖之说。“连湖渔歌”为当时“朔方八景”之一，“过者淼然动江乡之思”。引黄灌溉之水既赋予宁夏平原“塞上江南”的神韵，又深刻地影响着这一地区的耕作习惯。唐宋时起，为了改造重沼泽化地段，人们开始“开沟排水、种稻洗盐”，部分湖沼湮废而渐成水田，随着稻田引水量增加，灌溉余水又汇聚成新的湖沼。

明以前，宁夏平原上面积较大、耕地较多的银川平原兴起了两个灌区，分别是以秦渠和汉渠为主要灌渠的河东灌区和以汉延渠、唐徕渠为主要灌渠的河西灌区。明嘉靖年间，汉延渠和唐徕渠形成的灌溉网络已经相当成熟，银川城内及周边“汉唐渠水流潏潏，冬则涸兮夏则溢”。众多古渠中，唐徕渠最负盛名，它是宁夏平原 14 条大渠之首，又名唐渠，汉代始建，唐代大规模整修，历代不断完善，形成大小渠道 500 多条。新中国成立后全面扩整，裁弯取顺，合并斗口，供水效率显著提高。青铜峡枢纽截断黄河，结束了宁夏无坝饮水的历史，唐徕渠由坝下和西部干渠引水，解除了洪水和冰凌对渠首的威胁，灌溉范围覆盖青铜峡、永宁、银川、贺兰、平罗、石嘴山等 6 县市 110 余万亩土地，被誉为“塞上乳管”。

如今，流过千年历史的唐徕渠、秦渠、汉渠等古渠经过改造再展新颜，继续默默支撑着宁夏平原的繁荣，同时成为当地人休憩娱乐的生态长廊。它们已不单单作为水利工程而存在，而是已经融入、镶嵌宁夏人民的文化记忆之中。

▲
鄂尔多斯高原

3. 河套文明的遗迹

河套的称谓大体从唐代开始，“大河三面环之，河以套名，故称河套也”。两汉、宋元辽金，在这个水丰草美的大舞台上逐一登场，留下了属于自己的历史印记，草原文化和黄河文化交融汇流，形成了独特的河套文化体系。

河套人文化遗址位于鄂尔多斯高原最南端的萨拉乌苏河流域的沙漠大峡谷内（今乌审旗河南乡境内），海拔 1300 米，两岸植被郁郁葱葱。这里还是著名的萨拉乌苏动物群的命名地，发现的动物化石有野马、野驴、披毛犀、羚羊、大角鹿等生活于草原兼有水泽环境的动物，是华北晚更新世的代表性动物群。20 世纪 20 年代前，远东地区一直未发现确切的古人类活动证据。1922 年，法国专家到鄂尔多斯萨拉乌苏进行考古发掘，在旧石器时代文化层中清理出 200 多件人工打制的石制品和骨角器，并从发掘到的化石中确认出一枚人牙，将其命名为“the ordos tooth”（鄂尔多斯人牙齿）。但中文误将“ordos”译作“河套”，于是“河套人”便成了鄂尔多斯古人类的代名词。此后短短数年，北京人、山顶洞人相继被发现，中国古人类进化形成

▲

河套人文化遗址

完整链条。

在母亲河的臂弯里，先民们逐水而居，创造和繁荣了旧石器文化，在漫长的原始社会，默默等待文明曙光的照耀。河套人的体质特征接近于现代人，但头骨和股骨骨壁较厚，齿冠结构具有原始特征。目前为止，河套人文化遗址共发现人类化石、石器 500 多件，还有大量的晚更新世晚期的哺乳动物化石及鸟类化石。关于河套人生活的时代，学术界争论不休，有说为 1.5 万年前，亦有人认为河套人生活在 3.7 万至 5 万年前。依据非洲单一起源论，目前地球上的人种都是十多万年前某一非洲女性祖先的后代，这个女性祖先被称为夏娃。近年来，专家们用同位素热释光方法测定，河套人生活在距今 7 万年至 14 万年。如果这一论断成立，属早期智人的河套人与以山顶洞人为代表的晚期智人形成闭合的链条，将会对国际学术界普遍认同的非洲单一起源论形成冲击。

第三节　贺兰山下

贺兰山下亦是宁夏平原，一个王朝在这里曾经辉煌，吸引无数人前来，为之唱上一曲神往复神伤的挽歌。

1. 神秘王陵

被称为“东方金字塔”的西夏王陵，修建于 11 世纪初至 13 世纪初，位于贺兰山中段东麓，距宁夏银川市 35 千米，总面积近 50 平方千米，共有 9 座王陵组成一个北斗星图案，约 250 座陪葬墓按照星象排列。陵园中占地最大的和保护最好的一座，为西夏开国皇帝李元昊的泰陵，面积达 15 万平方米，陵墓中有绘画、雕塑、钱币、铜器、陶棋子等物。每座帝陵都由阙台、神墙、碑亭、角楼、月城、内城、献殿、灵台等部分组成，平面总体布局呈纵向长方形，建筑融合了党项族、汉族和佛教文化。由于没有山包一样封土的庇护，

▲
西夏王陵

加上没有刻意隐藏墓道，千年来，西夏王陵被无数宵小之徒觊觎，遭到了毁灭性的破坏。但从残存的陵丘上，我们仍能领略到西夏文化特有的风姿和气韵。

明代有诗云：“贺兰山下古冢稠，高下有如浮水沤。道逢古老向我告，云是昔年王与侯……”残缺的西夏王陵连接着中国西部一段波谲云诡的历史。公元 1038 年，党项族建立大夏国，史称西夏。其疆域“东尽黄河，西界玉门，南接萧关，北控大漠”，鼎盛时期面积 80 多万平方千米。然而，其兴也勃，其亡也忽，公元 1227 年，西夏国湮没在蒙古铁骑卷起的烟尘里，典籍、文物、古迹毁坏殆尽。中国历代王朝都注重修史，大的地方割据政权也通常都有信史传世，辽有《辽史》，金有《金史》，宋有《宋史》，而先后与宋、辽、金势成鼎足的西夏却没有留下专门历史。党项人从何而来？西夏灭亡后党项人又去了哪里？从仅存的文化碎片里，答案难觅。家国倾覆后留下的历史迷雾，随着时间的流逝愈发浓重。直到20世纪初，俄国探险家科兹诺夫发现并盗掘了黑水城，西夏文明才再次被撩起神秘的面纱，但科兹诺夫的发现长期秘藏于异国他乡，难窥真容。1972年，兰州军区在贺兰山下修建军用机场，施工中发现带有不认识的方字的砖块，考古工作者挖掘发现墓道，而后顺藤摸瓜在贺兰山东麓的荒原上发现了15座锥形黄土建筑，这就是西夏王陵。

从西夏王陵发掘情况看，没有唐陵的雍容华彩，没有明陵的恢宏气势，没有宋陵的缜密考究，在整饬修葺之前甚至不过是荒冢一堆，难言是摄人心魄的风景，但诚如人们所言："有的风景在路上，有的风景在心上。"单是遗落在历史长河中的一个个谜团，就足以激发人们探寻、打捞的欲望。

慎终追远、探幽怀古，西夏王陵不失为一个好的去处。

2. 似是而非的"汉字"

党项族是善于学习的民族，李元昊创立统一政权之后，亲自主持创制记录党项语言的文字，大臣野利仁荣"演绎之，成十二卷"，三年始成，目前发现总计6000余字。西夏文模仿吸收当时的汉字偏旁，又加入自己独特的创造，使之无一字与汉字同，习惯汉字的人"乍视字皆可识，熟视无一字可识"。这种文字当时被尊为"国书"，上自佛经诏令，下至民间书信，均用它书写。西夏灭国后，元代西夏文仍然在党项族后裔中使用，被称作"河西字"。明朝中叶，还有人以西夏文刻于经幢。其后，随着党项族在历史舞台上逐渐隐去，西夏文黯然结束了数百年的生命历程，成了无人使用、无人能识的"死文字"。

1804年，清代学者张澍辨识出了重修凉州护国寺感应塔碑上奇怪的文字为西夏文，因此，西夏文字重见天日。1909年，俄国汉学家在科兹洛夫盗走的黑水城文献中，发现了一本汉文和西夏文的双解词典《蕃汉合时掌中珠》，成为破译西夏文文献的金钥匙。自此，零落于流沙和铁骑之下的西夏

▲
西夏文字

历史被重新复原，模糊和神秘的西夏文化重新变得真切、鲜活起来。

从中外学者的研究成果看，西夏文形体方正，笔画繁复，用点、横、竖、撇、拐、钩等组字，无竖钩。五画以下的字很少，有点化简为繁的意思，但20画以上的字也很少，整体上显得比较均匀。西夏文是表意字，分单纯字和合体字两大类，合体字占绝大多数。合体字中，与汉字会意字类似的会意合成字和与汉字形声字类似的音意合成字最多，比如用西夏文“水”和“土”的各一部分，合成西夏文“泥”字。西夏文中象形字和指示字极少。与汉字一样，西夏文书体也有楷书、行书、草书、篆书。篆书散见于金石，行草常用于手写。西夏印制的多部西夏文活字印刷作品，以实物印证了中国首创活字印刷术。

西夏文曾被称为天书、绝学，国内懂西夏文的一度不超过 10 个人。但西夏文研究近年来发展较快，在语音、词汇、语法等方面都有进展，甚至有人发明了西夏文字电脑录入系统。

“只有把过去看透，才能把未来看清”，这或许就是人们穷尽心力复活“死文字”的意义所在吧。

3. 党项族失踪之谜

关于党项族的起源，至今仍是众说纷纭、莫衷一是。学术界比较统一的认识是：党项族是我国古老羌族的一支，唐以前生活于今天川、青、藏交界，唐初迁徙到今天甘肃东部、陕西北部，其间不断开疆拓土，为建立政权打下基础。西夏灭国之后，党项族失去故国家园，不但没有发展成为现代民族，甚至从众多的文献记载中淡出，只留给历史一个苍凉模糊的背影。党项族究竟去了哪里？

随着西夏文字的破译，西夏学研究日渐深入，史学家们已大致梳理出了党项族消亡的脉络。党项族一部分归化元朝，在元划分的四个民族等级中，被列为第二等，属于“色目人”。在元朝为官者亦有相当比例，有的甚至官至丞相。一部分仍然留居河西故地，元大德六年（1302 年），成宗雕刊河西字（西夏字）大藏经 3630 余卷，“施于宁夏、永昌等路”，说明这一带西夏遗民数量仍然不少，后随着伊斯兰教传入，有的渐融于回族。还有一部分散落内地逐渐被汉化，如专家考证，河南濮阳县金堤河畔唐兀公碑附近 15 个村庄的杨氏族人 4000 余人，是元初被赐姓“唐兀氏”的西夏遗民后裔。安徽有三支党项族后裔，一支是那木翰家族，另一支是昂吉儿家族，再一个是余氏家族，在合肥和安庆等地开枝散叶，已经繁衍了 28 代。河北、陕西、云南等地也有陆续发现西夏后裔的报道，但从他们身上已难以找到西夏文化的印迹。另有一部分叶落归根，回迁西南起源之地，途经千里，落脚四川木雅地区，曾建立过地方政权。当地藏民将该政权的首领叫作“西吴王”，“夏”与“下”为同音字，“下”字古音读“吴”，因此，西夏被念为西吴。木雅人保留了自己的语言，被称作“木雅语”或“道孚语”，与古代党项族语在

▲
黄河凌期

发音和基本词汇上比较接近。

从现今史学研究成果看，党项族的历史并没有被凝固在兴庆府城破的那一刻。西夏灭亡后，党项人在时代发展的激流中随波浮沉，辗转于全国各地，最终如百川归海一般，选择将自己的血液融入中华民族的血液之中。

第四节　冰凌奇观与黄河遗珠

凌汛是河道封冻后冰盖对水流约束增强产生阻力而引起的江河水位明显上涨的水文现象，为地处较高纬度地区河流所特有，而宁夏、内蒙古的黄河段，是从低纬度向高纬度流淌，故而在封河期和开河期都有可能发生凌汛。

◀
黄河凌期

1. 春天的脚步——开河

“七九河开，八九雁来”。在一个相对固定的时间，伴随着春天的脚步，黄河河开冰动，冰块拥挤撞击，冰凌追逐绽放，母亲河筋骨舒展了，血脉温润了，凝固的河流又成滔滔之势，不舍昼夜地流淌。

每年初冬黄河从流凌发展到“千里冰封”，大概需要一个月的时间。封冻天数一般在 100 天左右，封河长度一般在 800 千米左右，封河期冰的厚度有 1 米以上。冰冻三尺非一日之寒，而开河却往往来势汹涌，在短时间内释放积蓄一冬的巨大能量，导致黄河每年开河期间都有凌洪发生。黄河开河有“文开河”和“武开河”之分，“文开河”时，冰冻融化较缓慢，淌凌密度小，开河平稳；“武开河”时，特别是气温猛升或水位暴涨，冰凌聚集成冰坝，最终漫滩或决堤。凌汛决口时，“水鼓冰开，冰水齐下，冰摧浪涌，冲堤溃坝，势不可挡”，其危害程度常常超过夏秋洪灾。黄河凌汛突发性强、防范复杂、抢险艰难，所以有“凌汛决口，河官无罪”之说。

开河给沿岸民众带来的并非只有凌汛决口的惊悸，“开河鱼”就是母亲河恩赐给人们的“春天的盛宴”。蛰伏冰下的鱼儿，用一个冬天的时间净化五脏，储存营养，肉质更加纯净细腻，鲜嫩程度非常日可比。据说，古代的皇帝每年入春都要品尝黄河的开河鲤鱼。

▼

乌梁素海

2. 疣鼻天鹅的天堂——乌梁素海

乌梁素海是黄河改道形成的河迹湖，是中国八大淡水湖之一，更是黄河流域最大的湖泊，亦是母亲河在左冲右突间遗落在巴彦淖尔的一颗明珠。很久以前，这里曾是红柳密生的洼地，乌梁素海蒙古语意思就是“红柳湖”。作为地球同纬度最大的自然湿地，乌梁素海是西北地区极为重要的生态屏障，担负着巴彦淖尔排水承泄和山洪滞纳任务，还是众多野生动物的天堂，湖内有鲤、草、鲫、鲢鱼等20多个鱼种，野鸭、黑鹳、鹈鹕等鸟类近200种。每逢春夏，水天一色、湖光潋滟，鸭鸣天际、鱼翔浅底，芦苇如墙如帏、草滩如毡如毯，一派壮阔的北国水乡风光。

这里还栖息着一种独特的鸟类——疣鼻天鹅，目前我国仅存的1000多只疣鼻天鹅中有600多只生活在乌梁素海。它的嘴呈赤红色，鼻端有凸起的肉球，体重接近鸟类飞行的重量极限，有“游禽之王”的美誉。它性情机警但温顺，即使高兴或受威胁时也仅发出沙哑而低沉的“嘶嘶”声，是“不肯高声语”的谦谦君子。加之游泳时翅膀常常隆起，脖子弯成S形，头部向前低垂，给人以优雅从容的深刻印象。据传在20世纪40年代，一群野生疣鼻天鹅落在了乌梁素海的湖面上，从此与这片浩渺水域结缘。每年3月末，疣鼻天鹅不远千里准时由南方“回家”，4月底，这些“爱在天水之间”的精灵，便会筑巢繁衍了。

▲

疣鼻天鹅

最美的鸟落在北方最美的湖，人们的赞美歌唱自然是少不了的。“秦时明月今犹在，汉时关前天之水，小船划出玉飘带，鸿雁带走常相思，昭君湖边留倩影，多少往事在水中。啊！乌梁素海，天边的海。”再美丽的辞藻也难以穷尽乌梁素海之美。随着乌梁素海流域系统治理，今天的乌梁素海万顷空明、波光浩渺，处处生机勃勃，“塞外明珠”的光彩正在重新绽放。

▲
鄂尔多斯市的黄河大峡谷

第五节 鄂尔多斯高原之风

鄂尔多斯是成吉思汗的梦园，是地球上的月球，它承载着马背上的辉煌和今天的光荣。

1. 砒砂岩的罪与罚

砒砂岩深藏在黄河“几”字形臂肘的东北部、鄂尔多斯高原一隅，有着白色、黄色和红色的色彩变化。有的岩层之中灰白、棕黄、绛红、粉紫、灰绿，五色相叠，层理清晰，线际分明。特别是雨后或雪霁，岩层的颜色更是鲜艳妖娆，呈现出魔幻般的视觉效果。千百年来狂风和流水把这片彩色岩层切割出各种形状，仿佛沙漠中的“魔鬼城”被涂上色彩，搬到了黄土高原之中。据地质学家考证，砒砂岩形成于古生代二叠纪和中生代三叠纪、侏罗纪、白垩纪（约 2.5 亿年前—6000 万年前）之间。这是地球历史上地质最活跃、生物最繁茂、动物种群异常庞大的时代，每一代、每一纪，气候、生物、地壳的风云际会，都在砒砂岩的岩层中绘上了属于自己的独特色彩：红色的泥岩和碎屑岩，是古海洋封闭为内陆盆地、大地上以蕨类植物为主时沉积而成；同是红色的陆相红泥岩，是气候更趋干旱炎热时继续沉积的巨厚岩层；灰绿色的碎屑岩和灰色的含煤细砂岩是在气候转向温暖湿润、植物繁茂、湖泊遍布时沉积而成的；棕色铁灰岩是在侏罗纪中期气候干热时形成的；而巨厚的白色泥灰岩，则形成在气候干热的白垩纪早期。砒砂岩以五彩叠加的页码记录着地球沧海桑田的变化。

这种瑰丽的岩石却超乎想象的贫瘠，几乎寸草难生，故名砒砂岩。由于成岩程度低、沙粒间胶结程度差、结构强度差，看似岩石，可是遇雨即溃、遇风就散。行走在砒砂岩形成的沟底，沟道两侧会发出极细极密的“嗞嗞”之声，如蚕食桑叶，如鼠啮豆米，这是风化岩砂沿沟隙坠落的声音，让人觉得仿佛岩层随时都会崩塌，湮灭一切生物。

砒砂岩易受侵蚀的特性使它能够“流毒”千里之外，裸露砒砂岩的地区是黄土高原受剧烈侵蚀的中心地区，是世界上水土流失最严重的地方，是黄河粗泥沙的集中地，而粗泥沙正是黄河下游泥沙沉积形成地上悬河的主要原因。

多年来，人们用种草、种树、种柠条等防风固沙、保持水土的方法，在砒砂岩裸露区却效果不佳，懊恼之余，人们恨恨地谓之“地球的癌症”。万物皆相生相克，在实践中人们逐渐发现沙棘是治理砒砂岩的优良树种，它耐干旱、耐寒冷、耐瘠薄，根系发达，一树成活，串枝成片，枝繁叶茂，落叶丰厚。它的根瘤还可以固氮，能够改良土壤，而且伴生性能好，在沙棘的“庇佑”下，一些乔木如落叶松、云杉，包括一些草本植物红柳、柠条等，可以形成同生并长的状态。近年来，准噶尔旗等地用沙棘改良砒砂岩裸露区的环

▲

鄂尔多斯砒砂岩

境已经收到了很好的效果。

在砒砂岩地质公园里，我们还听到了这样一段故事。清康熙帝在平定噶尔丹叛乱时曾驻跸准格尔旗，觉得砒砂岩地貌红白相间、峰峦相错、高下团耸，宛若一大池待放之莲苞。当得知这种地貌还没有名字，康熙亲自赐名“莲花辿”。千古一帝的视角，果真不凡！

2. 成吉思汗陵之谜

草原上的英雄多如天上的繁星，成吉思汗无疑是其中最亮的一颗，但一代天骄身归何处，至今成谜。

成吉思汗一生戎马倥偬、东征西战，传说在远征西夏时途经鄂尔多斯，被这里美丽的景色所陶醉，即兴吟诗一首：“梅花幼鹿栖息之所，戴胜鸟儿孵化之乡，衰亡之朝复兴之地，白发吾翁安息之邦。”表示死后要葬在这里。不料一语成谶，次年成吉思汗再次出征西夏时病死军中，灵车行至鄂尔多斯时，车轮突然陷进沼泽地里，套上很多牛马都拽不出来。臣民们认为他喜欢这里，便将部分衣物和附着了成吉思汗灵魂的白驼毛葬于此处，成为祭祀的

▲

成吉思汗马术雕像

圣地。20 世纪 30 年代，为避日寇侵扰，国民政府将灵柩先后迁移到甘肃省榆中县兴隆山、青海省湟中县塔尔寺。1954 年 4 月，中华人民共和国中央人民政府将成吉思汗灵柩移回伊金霍洛旗甘德利草原上。新修的成陵占地约 5.5 公顷，距鄂尔多斯市区 40 千米，集中保存了不少成吉思汗遗物。

鄂尔多斯的成陵是史学家公认的衣冠冢，成吉思汗究竟埋身何处，始终是一桩历史悬案。几百年来，征服者的马蹄声渐远，但寻找成吉思汗墓地的活动却从未中断。近年来甚至有人动用地雷探测器和卫星摄影技术将草原像梳头一样梳理了一遍，但仍是一无所获。他们的失败又给这个谜团添上新谜。一生叱咤风云的成吉思汗，想必更愿意与草原融为一体，默默地归于自然。蒙古国总统曾在接受中央电视台记者采访时说：“成吉思汗陵墓在什么地方就在什么地方，这并不重要……让它永远成为一个谜底似的问题，让那些愿意猜谜底的人继续猜吧。”

3. 敖包山下

“十五的月亮升上了天空哟，为什么旁边没有云彩，我等待着美丽的姑娘哟……”相信很多人是从《敖包相会》这首脍炙人口的歌里知道“敖包”的。这首新中国成立初期的电影插曲描绘了青年男女在敖包前约会的场景。殊不知敖包过去是祭祀圣地，歌曲无疑加入了作者浪漫的想象，是那个时代思想解放的产物。

“敖包”又称“鄂博”，藏语叫“拉则”，原意是石头堆、木围堆等，一般为一层圆锥形实心塔，也有堆垒成2—4层重叠形圆锥实心塔的大敖包。有单独的敖包，也有以大敖包为中心的敖包群。敖包顶端插旗杆，挂红、黄、白、蓝、绿五种颜色的旗。旗杆周围插树枝，上边挂白色或蓝色的哈达。

据《清会典》所记：“游牧交界之所，无山无河为志者，垒石为志，谓之敖包。”在天苍地茫的大草原，标识道路是敖包的一个重要功能。后来敖包逐渐被视为神灵的居所，为了表达崇拜和感恩，人们堆垒敖包进行祭祀。途经的人们下马参拜，系上一条哈达或是添一块石头，日积月累，竟堆积成一座座山。如今，蒙古族年年都有祭敖包的仪式，仪式大略有四种：血祭，宰杀牛羊供奉；酒祭，以鲜奶、奶酒洒在敖包上祭祀；火祭，将煮熟的肉丸子、肉块投入火中；玉祭，是以最心爱的玉器当供品。祭敖包时，人们脱帽行礼，口诵经文，绕敖包转三圈，不但为生命长久、生活美满祭祀，也为草原常绿、清泉喷涌祈祷。有的祭词中连亲朋弟兄、乡里乡亲都要祝福一遍，可以说敖包是草原民族用虔诚和善良创作的不朽雕塑。

蒙古人认为，自然界的山水草木等万物皆有灵。祭敖包时，牧民们穿上节日的盛装，赛马、摔跤、舞蹈，开怀畅饮。敖包山下，一缕青烟腾空，一曲长调响起，便开启了草原上人们与大自然心灵沟通的闸门。

4. 那达慕盛会

那达慕，蒙古语音译，意为娱乐、游戏，是草原上的传统盛会，多在草长莺飞、羊肥马壮的7-8月召开。

那达慕的前身是蒙古族祭敖包。13世纪初，成吉思汗统一蒙古各部，

▲
草原上的牧民

为检阅部队、维护和分配草场，每年举行大“忽力革台”（大聚会），进行军事体育项目的比赛。元、明两代，射箭、赛马和摔跤比赛组成了“男儿三艺”，成为那达慕大会的固定内容。清代，那达慕逐步变成由官方定期召集的有组织有目的的游艺活动，成为传承草原传统文化的重要载体。如今的那达慕，更富时代气息，增加了马球、马术、田径、文艺演出等新的内容。

每逢那达慕大会召开，方圆百里的牧民如潮水般从四面八方涌来，毡包像珍珠一样撒满草场，宁静的草原开始沸腾起来。“摔跤手之歌”响起，“雄鹰们，飞翔吧”的召唤声，仿佛来自遥远天际，来自金戈铁马的古战场，搏克手们挥舞着粗壮的双臂，狮舞、鹿跳样步入赛场。蒙古语中摔跤的全称为“搏克·巴依勒德呼”，摔跤手称为“搏克庆”，不分体重和年龄，不分级别，

不限时间，一跤定胜负。比赛中，选手们用捉、拉、扯、推、压等动作，展现人体的力与美，进行体能和智力的较量。

牧民们对赛马更是情有独钟。参赛选手不论老少，大都不备马鞍，不穿靴袜，只着华丽彩衣，配上长长彩带，展示着“马背上的民族”特有的自信与彪悍。一声发令枪响过，长长的马鬃马尾在气流的冲击下飘了起来，黑的、白的骏马四蹄腾空，一骑绝尘者丝毫不敢懈怠，暂时落后者也绝不甘居下游，草原随着巨大的马蹄声颤动。

射箭也是必不可少的一项竞技活动。射手们或静射或骑射，一支支利箭，呼啸着飞向靶心，三轮九箭，干脆利落决出胜负。

竞技并非那达慕的全部，夜幕低垂之时，悠扬激昂的马头琴声在草原上随风飘散，男女青年围着篝火载歌载舞，无数渴望自由的心灵放飞在广阔深邃的草原夜空。

那达慕，一幅浓缩历史的画卷，一曲凝聚幸福与欢乐的草原赞歌！

· 黄河自鄂尔多斯高原进入晋陕峡谷，上起内蒙古托克托，下到山西河津禹门口，左带吕梁，右襟陕北，南北纵贯725千米，是黄河上最长的一段连续峡谷。晋陕峡谷穿越世界上水土流失最为严重的黄土高原，南北两端落差有五六百米，水流挟势而下，因而，沟深岸悬、河势雄奇，形成水沙涌流、蛟龙腾涧的峡谷胜景，其间蛇曲蜿蜒、乾坤湾转、虎啸壶口、鱼跃龙门，正如李白所描述的『黄河西来决昆仑，咆哮万里触龙门』，古峡奇观举世闻名。

第四章

晋陕峡谷听涛声

第一节　话说无定河

唐诗云：“可怜无定河边骨，犹是春闺梦里人。”一句诗道破了战争风云在这个多民族边界地带形成的历史波澜和愁绪。

1. 无定河边

这是一条横亘陕北黄土高原上的生命之河。据地质学家考证，历史上这一带水草肥美、风光宜人，是远古文明发祥之地。无定河畔是中原与少数民族的交界地区，是中国历朝历代战争频仍、屯垦戍边之所在，匈奴、羌、鲜卑、突厥、党项等部族，也占据过这里。甲骨文记载，殷商时期这里有鬼方、龙方部落居住，《竹书纪年》中记有“帝乙十七祀，西伯伐翟”，说的就是周文王与狄人的一场战争。

▲
无定河

无定河干流全长 491 千米，发源于陕北定边县东南的长春梁东麓，源头被称为红柳河。它是黄河一级支流，流经毛乌素沙漠南侧，经过现内蒙古鄂尔多斯市乌审旗，陕西省榆林市、靖边县、米脂县、绥德县、清涧县，在清涧县河口村注入黄河。“无定”二字明确表示了这条河流的特点，究其原因是河水多沙，河势游荡多变，河床无定，所以有了“无定河”之名。沿途支流众多，遭遇暴雨时水势暴涨，暴雨洪水挟黄土高原泥沙源源不断汇入黄河，平均每年入黄泥沙量 2 亿多吨，是黄河泥沙的主要来源区之一。其多沙特性与黄河极其相似，故有“小黄河”之称。宋朝著名科学家沈括曾在他晚年所著的《梦溪笔谈》中描写过无定河“……度活沙……倾倾

然如人行幕上”，说明这里泥沙之多、行路之歧。而无定河河口“每遇山水涌涨，其流横截黄河，直冲山西右岸，黄河为之逆流；若有狂风，吼声如雷”，形成壮观的无定洪涛。

无定河在边塞诗中常见，最为有名的就是唐代诗人陈陶那首诗。诗云：“誓扫匈奴不顾身，五千貂锦丧胡尘。可怜无定河边骨，犹是春闺梦里人。”

无定河源头红柳河边的统万城（因色呈苍白，俗称白城子，与河西走廊黑河尾闾的黑城子相提并论），是五代十六国时期大夏王朝的都城。大夏国开国皇帝名赫连勃勃（391—425），匈奴人，原姓刘，自称大禹后代，后

▲
陕北黄土高原

改姓赫连，在群雄纷争的十六国时期，他的一生见证了我国少数民族与中原地区之间战争与融合的历史。此人骁勇善战、纵横南北，曾一度占领长安，当时其手下建议定都长安，而赫连勃勃认为国家政权难以稳定的因素在北方，故而回到无定河源头的红柳河畔建筑都城，南望秦川沃野，北控草原大漠，以期统领万方。当时的陕北一带还是水草丰美之地，他曾叹道："美哉斯阜，临广泽而带清流。"他所建都城城墙，均用石灰石、白黏土、石英砂等蒸熟再板筑夯实而成。为了建筑坚固的城堡，赫连勃勃还起用酷吏叱干阿利督办。此人残暴凶狠，在检查工程时，命人用铁矛锥刺城墙，若刺进一寸，便将施工者斩首并把尸体也筑入墙内。这种极端刑罚加之材料的特殊性，使得城池坚固无比，虽经 1600 余年战争和风雨剥蚀，但城墙依然屹立。站在称为马面的敌墙之上，遥望朔风劲吹的大漠，俯视城墙脚下潺潺的红柳河水，依稀能感到当年这里"崇台霄峙、秀阙云亭、千榭连隅、万阁接屏"的壮观宏大。

据史载，赫连勃勃修建都城奴役几十万人，死伤无数，那无数冤魂中有多少是春闺梦里人，确实令人唏嘘。而企望统领万方的赫连勃勃的大夏王朝，仅存二世共25年，便被北魏所灭，正所谓“其兴也勃焉，其亡也忽焉”，徒余诗人的感慨和白城子巍峨的城楼叙说着千年的历史。

2. 偏关战火忆烟云

“半壁孤城水一湾”，说的是山西偏关。

在广袤的黄土高原深处，千沟万壑间，万里长河畔，偏关独处一隅。它如暮鼓晨钟，守望着沧海桑田，见证着烽火烟云、逝水流年，诉说着暗淡了的刀光剑影。

偏关，一个“关”字，道出了它的独特身份。在古代，偏关与宁武关、雁门关合称“外三关”，即长城之外，偏关是外三关中最西边的一座。之所以被称作“偏”，是因为它的地理状貌，因为该关两侧城墙“东仰西伏”，形状似人首之偏，好像古人挽在头上的发髻，因此人们形象地称其为偏头关，后来简称为偏关。

大河滔滔，鼓角争鸣。

偏关历来是边塞要冲、关隘要地，刀光剑影，戍边屯兵。春秋战国时期就是古战场，五代北汉乾祐四年（951年），这里建立了镇守边疆的驻兵营地——偏头寨；元代升寨为关；明朝，在全国设立九个军事重镇，其中的太原镇就驻防在偏关，时间跨度有百余年。北望漠南、近逼河套，历史上，偏关之雄要居三关之首，“雄关鼎宁雁，山连紫塞长。地控黄河北，金城巩晋强”。历史的偏关，以天下名关、北国要塞而声誉远播。

今天山西省偏关县的老县城就是当年的偏关关城。其东接管涔山（管涔山，属吕梁山脉，是汾河发源地），西临黄河，北连内蒙古，南通雁门、宁武，自古便为兵家争战、屯兵驻防之重地。长城和古堡构成的军事防御体系，见证着刀光剑影和鼓角铮鸣。

遍览偏关，这里“三里一墩，五里一台，十里一堡”，上千烽燧、近百古堡，是中国古长城之集大成地。据专家考证，境内古长城穿越历史、纵贯

▲
偏关梯田

春秋，赵、秦、北魏、明等多个朝代所建长城在这里依稀留有印迹。偏关境内长城总长有500多千米，居全国第二，仅次于河北赤城。长城建筑有关、隘、烽、堠、墩、台、堡、寨等多种形式，质地有石砌、砖包、土夯等种类。防御体系内外叠加，分为大边、二边、三边、四边、内边、黄河边等多重构筑体系，种类繁多，而且是内长城、外长城“双龙交颈”之所在，很多遗存至今仍保存完整。有人称之为长城博物馆。著名长城专家罗哲文曾称赞：“偏关境内的明长城砖石砌就，非常坚固，较之北京八达岭、慕田峪长城及河北山海关长城毫不逊色。”

也有人把偏关称为“中华古堡第一县”。从战国、隋唐的吴王城，到西汉的九龙山古城，从五代北汉的偏头寨，到明代古城堡，历史古堡近百座，跨越时空2000年。

偏关境内黄河干流长30多千米，也号称黄河入晋第一关。母亲河从青藏高原一路奔腾，穿高原、越大漠，在这里敲开山西的北大门。沿黄河顺流而下，偏关、老牛湾、包子塔、万家寨水利枢纽、关河口、寺沟、护宁寺、桦林堡……古渡口、古村落，名胜古迹美不胜收，令人神往。

这里是塞上古道、烽火边城，这里融长城文化、黄河文化于一处，集草原游牧文化、华夏农耕文明于一体，揽远古边塞商业与现代市场气息于一隅，博古阅今，兼收并蓄，群芳争妍。

3. 老牛湾

老牛湾是一个美丽的传说。“九曲黄河十八弯，神牛犁河到偏关。明灯一闪受惊吓，转身犁出老牛湾。”它位于晋蒙交界处，以黄河为界，南依山西的偏关县，北岸是内蒙古的清水河县，西邻鄂尔多斯高原的准格尔旗。长河紫塞黄土地，石板院落石窑洞。这一份古朴与沧桑，让人景仰，令人遐想。

老牛湾是长城和黄河交手相握的地方。作为历经沧桑的边塞关隘，风蚀雨剥的成化古城堡、瞭望放哨的砖砌空心楼、嘉靖年间的望河楼，依然伫立在大河岸边。长城在这里遇到了黄河，由老牛湾处沿河南下牵手延伸，此后在陕西省府谷县境内，长城跨河西去。长城古堡，黄河奔涌，中国精神的两大象征，在这里凝聚。

老牛湾，被称作黄河大峡谷的天然盆景。它处于晋陕大峡谷的开端，是中国最美的十大峡谷之一。这里还有黄河万家寨水库库区，河谷两岸壁立万仞，河道中碧波万顷，河岸之上长城耸立，村落中古迹遍布，黄土高原的沧桑在这里彰显，大河奔流的壮丽在这里再现。老牛湾村有两个，分别处于内蒙古和山西，中间有一道深沟相隔。

老牛湾有长城，有大河，有古堡，有烽火台，还有诸多古渡传说。金戈铁马的边塞风云并没有改变老牛湾的本性，今天的它悠然、静谧、祥和，当地人依然循着古老的生活轨迹，追逐田园牧歌般的生活，绽放古朴的魅力。

4. 数风流人物

袁家沟，一个黄土高原丘陵沟壑深处的小村庄，遥远荒寂。

然而，翻开袁家沟的历史，就会发现这里的不同寻常。它拥有耕读世家

的传统，拥有厚重的人文历史，还拥有中国历史上东征抗日的壮烈记忆。

这里是毛泽东《沁园春·雪》的诞生之地。“北国风光，千里冰封，万里雪飘。望长城内外，惟余莽莽；大河上下，顿失滔滔。山舞银蛇，原驰蜡象，欲与天公试比高。须晴日，看红装素裹，分外妖娆。　　江山如此多娇，引无数英雄竞折腰。惜秦皇汉武，略输文采；唐宗宋祖，稍逊风骚。一代天骄，成吉思汗，只识弯弓射大雕。俱往矣，数风流人物，还看今朝。”

《沁园春·雪》创作于中国抗日救亡的特殊时刻，日寇步步侵略，国土逐步沦丧，中华民族处于最危险的时候。

1936年2月5日，农历正月十三，毛泽东率红军来到袁家沟。2月7日，毛泽东外出察看地形时，面对铺天而降的鹅毛大雪，他极目远眺，思潮翻涌，虽然困难在脚下，但是胸中已升腾百万雄兵。伟人触景生情，有感而发，创作了千古名篇《沁园春·雪》。2月17日，毛泽东发出了“为实现抗日，渡河东征”的伟大号召，著名的东征宣言由此而生：“一切爱国志士，革命

▼ 老牛湾

仁人，不分新旧，不分派别，凡属同情于反抗日本帝国主义者，本军均愿与之联合，进行民族革命之伟大事业。”2月20日晚，毛泽东与彭德怀发布了东征作战命令。当晚，红军强渡黄河成功。2月21日一大早，毛泽东离开了袁家沟。

也正是这个历史机遇，让人对这片土地格外关注。

这里读书风盛，崇尚教育，注重教化，当地有“宁可一日无餐，不可一日无教”的家风家训。

民谣中有这么一段对袁家沟的概括：“龙凤山，鱼鳖潭。此地天生自然贵，藏龙卧虎官不断。”民谣中的龙凤山，也就是位于村中央南北走向的一座凤凰山，山两侧各有一条清泉相伴，溪流淙淙，经年不竭。正是这“袁家沟，沟对沟，两条小溪当沟流，四百人口住两头”，承载着袁家沟生生不息的希望。

说起袁家沟，不得不说清涧。袁家沟属于清涧县，而清涧是无定河入黄河交汇处。特有的地理环境，述说着特有的历史。

▼
袁家沟

清涧，古名宽州。先秦时称为“全秦要户”，唐贞观年间筑宽州城，宋康定元年（1040 年）改宽州为“青涧”，明洪武四年（1371 年）改为“清涧”。从地理位置看，清涧地处陕西省北部、榆林市南端，在榆林东南部与延安交界。它东临黄河，与山西省石楼、柳林二县隔河相望，西滨子长，南接延川，北靠绥德，西北与子洲毗邻，历来是扼守延安、关中之要地。

清涧县域虽小，但在中国革命历史上独树一帜，彪炳史册。曾经在清涧生活、战斗过的中央军委委员、中国人民解放军总参谋长傅全有上将曾为清涧题词，称其为“传奇县”。

红枣、粉条、石板被称为当地的“吉祥三宝”。民谚有云：“米脂的婆姨，绥德的汉，清涧的石板，瓦窑堡的碳。”清涧红枣历史悠久，闻名海内外，号称中国红枣之乡。《诗经》有“八月剥枣”的记载，《战国策》也记载“北有枣粟之利，民虽不细作，枣粟之利，足食于民”。红枣在当地有数千年的栽培历史，在清涧至今依然可以见到千年枣树。

清涧，是当代著名作家、茅盾文学奖获得者路遥的家乡。其代表作品《平凡的世界》里所描述的当时中国城乡生活，清涧是原型之一。在清涧县石嘴驿乡王家堡路遥旧居前，建有路遥纪念馆。

黄河在清涧境内流程 57 千米，是不折不扣的母亲河惠泽钟爱之地。

第二节　厚重黄土地

1. 碛口古镇

在黄河晋陕峡谷中部，山西临县城南约 50 千米处，有一处中国历史文化名镇——碛口。

碛口，下距黄河壶口 200 余千米。因为地理环境上傍依吕梁、襟带黄河，山环水抱，大自然赐予这方土地“虎啸黄河，龙吟碛口”的状貌。

所谓“碛”，水渚有石者。据说碛口段黄河有一处近 500 米长的暗礁，水势落差达10米，水流湍急，激浪翻滚，“黄河行船，谈碛色变”，对正常商业往来船只构成巨大威胁，“望碛兴叹”，不得不在此水运转陆运，由此成了著名中转站，号称“水旱码头小都会”。

碛口很小，但声名远扬，有“九曲黄河第一镇”之美誉，军事、商业、经济作用不可小觑。

走进碛口，可见历代留下的依然保存完好的商业建筑和古民居。当铺、票号、货栈、码头等，被人称为“活着的古镇”，见证了当年小镇商品集散地的繁荣和兴盛。因为地处晋陕商道水陆交通的中心点，东、西分别连接山西、北京、天津和陕西、甘肃、宁夏、内蒙古，自古就是东西经济文化跨河交流的枢纽，堪称我国北方地区、黄河岸边的知名商贸重镇。碛口在清朝乾隆年间，是广为人知的“晋商西大门”。

碛口作为兵事要冲，是古时山西防御匈奴的要塞。1948年3月，毛泽东率队东渡黄河曾夜宿碛口古镇，现仍保存毛泽东东渡黄河纪念碑、毛泽东路居处等旧迹。在抗日战争、解放战争期间，这里是两岸军事物资通道和重要生产基地。

大河孕育了碛口深厚的历史和文化内涵。走进碛口，可以饱览古镇风韵、水旱码头、卧虎山、黑龙庙、黄河漂流、二碛冲浪、麒麟沙滩、黄河土林、红枣园林和以西湾民居为代表的一批晋商老宅院，古色古香，意蕴隽永，让人流连忘返。

▲
碛口古镇

2. 绝壁古刹香炉寺

黄河与其支流佳芦河的交汇之地，是现陕西佳县，也是古佳洲，号称铁佳洲。佳县古称葭州，因佳芦河两岸芦苇茂盛而名。

佳县县城东北、黄河畔的悬崖峭壁上，有一座古寺，名叫香炉寺，距今已有400多年的历史，此山也因这座寺而得名香炉峰。香炉峰历经半个世纪的沧桑，袅袅香火，见证着大河澎湃、吕梁逶迤。

香炉寺因险、特、美而著称。

险，是因为它所处位置之险要。远观香炉峰，犹如跌落人间的一个巨大柱石。它扎根大河之畔，高20余米，四面绝空，仅有一条5米长、1米宽的天桥与主峰连接，置身桥上，如凌空际，不禁让人噤声屏气，惊险异常。登上古寺，向东远眺，黄河波涛翻滚，激浪磅礴，气势浩荡。

特，就特别在它屹立500年而不倒。该寺建于明朝万历年间，当地有“仰望城廓始天上，俯视野村在镜中”的诗句来描述该寺独特的地理位置。它坐落于黄河洪涛上的悬崖峭壁上，由两部分组成，西边部分与山城腰部相连，内有龙王庙、娘娘庙、寄傲亭，还有石碑、石坊、壁画、古柏等文物。传说香炉峰不是人力所为，而是开天辟地的盘古安放的。

古刹之美，则内外兼修。此寺为明代营造，是一座观音小庙，三合院式建筑风格，山峰上正殿是圣母祠，左右有配殿，南边有山门、石碑坊等。

▲

香炉寺

建筑风格及寺内所存石刻、书法艺术等都具有很高的研究价值。“香炉晚照”更是佳洲八景之一，晚霞西映，香炉峰倒映在黄河之中，如同蓬莱仙境，所以这里还一直享有“黄河小蓬莱”的美誉。

1947年，毛泽东转战陕北时曾到香炉寺游览。他俯瞰黄河渡口，曾说：“自古说黄河有百害而无一利，这种说法应该改变。抗日战争中，黄河替我们挡住了日本帝国主义，只这一条，也应该减轻它的罪过。将来全国解放了，我们还要在黄河上建桥，发展交通，要用黄河水浇地、发电，为人民造福。”

3. 黄河浮雕

从碛口沿黄河东岸上的公路一直向北40千米，在山西临县开阳段附近，能欣赏到黄河岸边唯一一处最集中、最壮丽、最丰富多彩的天然浮雕。这段神奇的天然浮雕画廊长近2千米，蔚为壮观，栩栩如生，如工笔、写意，令人叹为观止。

这是典型的天然造化、鬼斧神工。从专业角度来看，有浮雕、镂雕，也有平面线刻、透雕和圆雕，手法万千，皆因岸边岩石长期经受水蚀和风蚀而形成。栩栩如生的浮雕造型，让人浮想联翩。这一幅幅如动物、如植物、如符号的“描绘”，着实考验人们的审美和想象力。

据专家考证认为，这里的水蚀浮雕地质遗迹形成于三叠纪，是地下水溶蚀与河流冲蚀的复合作用，加之长期的风蚀、光照作用而形成。中国地质科学院原院长赵逊指出，这一带厚层砂岩内含有大量的正长石和石英石，在水溶蚀、河流冲蚀、风蚀和日照条件下，正长石逐渐分化，包含在正长石之间的石英石失去了周围的支撑，也从厚层砂岩中脱落下来，因此在砂岩中就形成了石沟、石龛、石窟、石书等不同形状的天然浮雕。

步入画廊，或乘船，或沿公路行走，黄河浮雕有的如情侣偎依，有的像船夫拉纤，有的像大河音符，有的如黄河迷宫，昭示着这里的魅力与神奇，极具观赏价值和研究价值。

◂ 秋风楼

4. 秋风楼

秋风楼因藏有汉武帝所作《秋风辞》碑而得名，位于山西万荣县后土祠后面，俗称“后楼”，被视为后土祠之压轴建筑。

“秋风起兮白云飞，草木黄落兮雁南归。兰有秀兮菊有芳，怀佳人兮不能忘。泛楼船兮济汾河，横中流兮扬素波。箫鼓鸣兮发棹歌，欢乐极兮哀情多。少壮几时兮奈老何！”

该辞是当年汉武帝到山西汾阴（今万荣县）祭祀后土，途中泛舟大河，触景生情留下的千古名作。当时，汉武帝出巡祭祀后土，前方忽然报来疆场捷报，他当即把行经过的地方命名为闻喜（今山西闻喜县，西邻万荣县）。在汾河泛舟时，他眼见秋高云淡、鸿雁南归、群臣宴饮、琵琶鼓鸣，不禁生发对自然和家国的忧思，抒发“欢乐极兮哀情多”的感叹，萌发“怀佳人兮不能忘”和“少壮几时兮奈老何”的自我警醒。据专家分析，诗中的“佳人”指的是治国贤良。

汉武帝之所以祭祀后土、创作名辞，与后土的特殊地位有关。后土，是古代对土地神的敬称，与“皇天”并称为“皇天后土”，后土之神也称为“社”，与谷神“稷”并列，代表国家政权。由此可见，后土祠在我国农耕社会的重要地位。

后土庙坐落于“背汾带河”之地，既是秦晋枢纽，又是风景优美的祈谷胜地。据载，轩辕黄帝曾在这里“扫地为坛祭后土”。公元前163年，汉文帝在此立汾阴庙。到了汉武帝时期，公元前113年，他改汾阴庙为后土祠，以示朝廷对土地的敬畏。汉武帝曾六次前去祭祀后土，把祭祀后土列为国家大事，形成常例。此后，历代帝王将相多有前来祭拜。唐玄宗李隆基曾三次前来祭祀，并扩建祠庙。宋真宗赵桓遣专使对该祠进行修葺，并亲临祭祀，还在此亲撰碑文《汾阴二圣配飨铭》（“二圣”即宋太祖赵匡胤、宋太宗赵光义）。

黄河滋润了这片千古胜地，但也时常带来洪患之忧。明万历年间，黄河水患严重，破坏了后土祠所在地，后土祠不得不迁建。清顺治年间，后土祠又一次被黄河淹没，仅留下门殿和秋风楼。清康熙元年(1662年)，黄河在此决口，洪水吞没了整个后土祠所有建筑。此后近200年时间，后土祠没有恢复重建，直到清同治九年(1870年)，祠庙再次迁址，也就是现今万荣县宝鼎乡庙前村北高崖上的建筑。后土祠正殿内供奉的是后土圣母像，百姓称为后土娘娘。内有对联一副：“后配六合之天至圣至德自应崇代代，土为万物之母滋生滋育所以称娘娘。”新中国成立后，这里成为全国重点文物保护单位。

秋风楼是一座宏伟壮观、砖木结构的古楼，高三层，形制俊秀，别致精巧，整个楼体建在一座高大的台基之上，台基底部东西贯通，东门刻“瞻鲁”，西门雕“望秦”，南面是正门。如今，登秋风楼，凭栏远眺，北瞻龙门，南衔潼关，大河悠悠，不禁让人思接千载，临风怀古。

5. 壶口瀑布

壶口是一个地理名称，更是我们民族坚韧不拔、勇往直前精神的象征。

壶口瀑布是世界奇观。它的气势、它的声音、它的色彩，惊天动地，震撼心魄，被誉为中国三大瀑布之首，享誉海内外。

壶口，顾名思义，“盖河漩涡，如一壶然”（语出《禹贡》）。它一壶接两省，西为陕西宜川，东临山西吉县。

壶口瀑布以地质奇观为最。壶口位于晋陕峡谷末端，两岸高山夹峙，河床为 300 余米，至壶口，河床地质突然变化，形成“谷中谷”，宽度仅有 30—50 米，成为大黄河最窄的河谷。壶口就位于谷中谷的末端，形成断崖，河水自北而南奔腾而至，到此突然跌入断崖，形成瀑布。瀑布呈 U 形，随水势大小而变化外弧形状。此弧从 30 米到百余米不等，围绕壶口落入河床之下的河槽。这一河槽一直向下游延伸，号称“十里龙槽”，成为壶口下又一盛景。河水砂砾在瀑布上下基岩上淘刷形成了“淘蚀圆坑”，石坑周壁圆润如磨，经沉淀的河水晶莹清澈，人们称其为“石窝宝镜”。

壶口断崖的形成，主要由地质、水流、冰冻等因素所致，其中地质条件起了决定作用。这一带河床基岩为 2.5 亿年前三叠纪时期形成，以砂岩、泥岩、页岩为主，由于几种岩石软硬程度不同，在几个大的地质构造年代，峡谷纵横断裂，黄河干流贯通后，洪流激荡，河床基岩中软质石层被冲走、硬质石层形成溶洞，并逐渐下切，形成最初的断崖瀑布。而且，长年的河水冲刷，使得“谷中谷”溯源上移。据专家考证与观察，黄河壶口瀑布一直在向上游移动。

壶口瀑布以浊浪彩虹为美。“收来一壶水，放出半天云”。水流跌入约 50 米高的断崖之后，谷底激起的水雾，散射在壶口上空，时如烟雨，时如云雾。风和日丽之际，瀑布上空水汽氤氲，常常会出现五彩缤纷的彩虹，在浊浪奔腾中如梦幻如仙境。

壶口瀑布声势浩大，“谷涧响雷”是其又一视点。滚滚黄河水，挟势而下，原本 300 米宽的磅礴河势，在壶口处受变异河床束窄，能量聚集，倾斜而下，再加之高达 50 米的落差，“湍势吼千牛”，从远处行来，刚一进入峡谷，便可听见千牛之吼，令人心旌摇移、魂魄难定。

传说中，壶口是大禹治水凿石导河的地方，《水经注》中有如此记载：

▲
壶口瀑布

“禹治水，壶口始。”

20世纪50年代，在黄河治理开发的最初阶段，国家规划的梯级水电站中有壶口之下禹门口水库，按照这一规划，壶口就会被淹没。有识之士及时指出，黄河壶口瀑布不仅是自然景观，而且是中华民族精神的象征，水电站可以不建，壶口不能没有。在以后的历次规划中，禹门口水库被取消，代之以壶口上游的古贤水利枢纽工程。按照规划方案，这一水利枢纽工程会较好控制水流，消除洪水、冰灾等对壶口瀑布的侵害，保证这一世界级自然、人文景观达到最理想的水瀑状态，为人们带来四季如一的视觉享受。

第三节　鲤鱼跳龙门

1. 禹门口的传说

壶口瀑布以下60余千米处，就是龙门。龙门也叫禹门口，传说中这里是大禹治水凿开的河口，故以此称谓。《水经注》有“龙门为禹所凿，广八十步，岩际镌迹尚存”的记载。《尚书·禹贡》中有“导河积石，至于龙门”之说。后人为怀念大禹治水功绩，曾在河中岛上建有大禹庙，后毁于战火。

黄河自壶口喧腾咆哮而下，来到这晋陕大峡谷最窄处的峡谷出口处，但见“龙门三激浪，平地一声雷”，河水腾空跃起，高高跌下，犹如鱼跃龙门。《埤雅·释鱼》：“俗说鱼跃龙门，过而为龙，唯鲤或然。”“鲤鱼跳龙门”的传说多有记载：“每岁季春有黄鲤自海及诸川争来赴之，一岁之中，登龙门者不过七十二。初登龙门即有云雨随之，天火自后烧其尾，乃代为龙。”

当地还有一些关于大禹治水的传说。当年大禹开辟河路时有两个选择，其一是现在的禹门口，另一条则是陕西黄龙山下川。在民夫正赶往黄龙山的时候，突然空中有一只大鹏叫道：“错开河，错开河，开西不胜往东挪！”神奇的大禹善辨鸟语，闻听此言，即下令挪向东边，后来民间便将通往陕西黄龙山下川的交叉处起名叫“错开河”。

龙门位置险要独特，自古为秦晋交通要冲。据说当年李自成率领的农民起义军就是从这里渡河直捣幽燕，一举推翻明王朝。这也与鲤鱼跳龙门传说中的“上者为龙，下者为鱼”寓意相吻合。

关于龙门的诗句颇多，如李白有“黄河西来决昆仑，咆

▲ 黄土高原侵蚀地貌

哮万里触龙门”，初唐骆宾王也在《晚渡黄河》中写道：“通波连马颊，进水急龙门。”

《河津县志》总结了“龙门八景”：石栈连云、鸣泉漱玉、南亭夜月、北口秋风、层楼倚汉、飞阁流舟、桃浪三级、雷声一震，至今仍令游人荡气回肠、心旷神怡。

2. 吕梁山

黄河在内蒙古境内流经河口镇后，因为遭遇南北走向的吕梁山，受阻而折向南流，进入晋陕大峡谷。吕梁山位于山西省西部，是黄河和汾河的分水岭。吕梁山脉主峰关帝山，山体宽大。作为一个自然的地理分界线，山以西是水土流失严重的典型黄土高原，山峦起伏，沟壑纵横，是黄河中游重点产沙区之一，而山以东黄土断续分布，海拔较低，山脉保存较多森林和草原牧场。

吕梁是一个革命老区。因为特殊的地理条件，日本发动侵华战争一开始就把夺取山西作为重要军事目标，由此控制华北、中原，深入西北。为此，日本军队侵入吕梁，烧杀抢掠，无恶不作，给当地人民带来深重灾难。抗日斗争形势推动这里成为重要的敌后抗日根据地。吕梁山曾是红军东征主战场、晋绥边区首府所在地，贺龙在此生活、战斗了11年。毛泽东、周恩来、刘少奇、邓小平等老一辈无产阶级革命家都曾在此从事革命活动。吕梁地区也涌现出刘胡兰等一批杰出人物。

小说《吕梁英雄传》的故事就发生在这里。这部由当代著名作家马烽、西戎合著的我国第一部反映中国共产党领导的全民族抗日战争的长篇小说，以吕梁山区的一个普通山村为切入点，真实讲述了1942年春天日本侵略者对吕梁抗日根据地进行的疯狂大“扫荡”，以及在极其艰苦的情况下，中国共产党领导人民粉碎日寇的故事。2004年，这部小说被改编成剧本，搬上荧屏，引起强烈反响。剧中场景大多选择在吕梁山区取景拍摄，真实再现了当地地理环境、民间习俗和群众精神。

如今，吕梁市粟家庄乡的南垣寨，就作为《吕梁英雄传》的拍摄地而名扬神州。走进南垣寨，古老的院落、窑洞，雕花的门檐、宅窗，诉说着这里的古朴、悠远与厚重，无数游客纷纷不远千里前去探寻。南垣寨还是汾商巨子王澐的发祥地，其子王廷瓒（王协卿）则是民国年间以汾酒在巴拿马夺魁的“义泉泳”酒坊的东家。

3. 司马迁祠

与秋风楼隔黄河相望的，就是陕西省韩城市太史公司马迁祠。

古时黄河“龙门”就是韩城地域的代称。

《太史公自序》中记载：“迁生龙门，耕牧河山之阳。”今天的韩城（西汉时称夏阳县）是司马迁的故乡，也是其出生之地。

司马迁是我国著名的史学家和文学家，他以“究天人之际，通古今之变，成一家之言”的史识，著成“史家之绝唱，无韵之离骚”的《史记》，名垂千古。

司马迁史绩宏伟，但生平坎坷。幼年时期，他身居故乡，生活贫苦，随着汉武帝“罢黜百家，独尊儒术”的兴起，其父在京城长安做了太史令（相当于现在国家图书馆馆长），司马迁始由夏阳迁往长安，师从孔安国学习《尚书》，跟董仲舒学研《春秋》，之后继承父业官至太史令。后来他为投降匈奴的李陵辩解，触怒了汉武帝，遭受宫刑。在身心遭遇极大创伤与耻辱的情形下，他自强不息、发奋著书，完成了《史记》的撰写，开创了中国编年体史书创作的先河。

后人敬仰他，便在其家乡筑祠墓以纪念。

今天可以前往凭吊的司马迁祠墓坐落在韩城市芝川镇的韩奕坡悬崖上。这里西眺梁山，东望黄河，远观芝水长流，南瞰古魏长城，依势赋形，气象万千。拾级而上，便见书写着“汉太史司马祠”“高山仰止”“河山之阳”等字的牌坊，诉说着太史公不平凡的一生。历经99级台阶后就正式进入祠院，先是致敬尽礼的献殿，后是上书“太史祠”匾牌的寝宫（建于北宋1125年），寝宫正中司马迁塑像端坐，令人景仰。整个司马迁祠，碑石林立，记录着数不胜数的吟咏纪念。祠后即为司马迁墓，墓碑上刻有“汉太史司马公墓”字。

司马迁祠墓始建于西晋永嘉四年（310年），距今已有1700多年历史，当时，“夏阳太守殷济，瞻仰遗文，慕其功德，遂建石室，立碑，树柏”。此后千余年，祠墓不断得到扩建和修缮。清康熙七年（1668年），祠墓再次进行较大规模的扩建。新中国成立后，祠墓亦进行数次重修。

司马迁祠规模并不大，但其影响和司马迁的名字一样。今天，当地仍然延续着大规模的祭祀活动，以怀念这位历史名人。

第四节　三十年河东

1. 大槐树下

大槐树下，寻根之处。对华夏儿女而言，这里是问祖探源的所在，因此汾河之畔的山西洪洞县被誉为“槐乡”，取怀乡、槐香之意。

在中国广袤的大地上有几句流传久远的歌谣："问我祖先在何处，山西洪洞大槐树。祖先故居叫什么？大槐树下老鹳窝。"

至今大槐树仍在，成为华人祭奠拜祖的圣地。走进大槐树景区，伟岸厚重的根雕大门、根字影壁，都凸显着"一脉相承的根意"；槐香桥、鹳鸣桥、莲馨桥、同源渠等，都给前来寻根问祖的人们以归属感。此外，还有迁民壁画，第一代大槐树遗址，第二、三代大槐树，思源潭，献殿，祭祀广场，祭祖堂，等等，可供凭吊纪念。

说起洪洞大槐树和移民，故事发生在明朝时期。元末明初，战乱、水患频繁，导致华北、中原、西北等地人口大量减少。为恢复农业生产，当朝推行移民垦荒、振兴农业政策，从明初洪武年间，山西南部人口比较稠密的地方开始大量向外移民，洪洞县就是当时晋南人口稠密地区，办理移民的政府官员就驻扎在离洪洞城北很近的贾村西侧广济寺，寺旁恰有一棵"树身数围，

大槐树公园

荫遮数亩”的古槐树。因此，大槐树作为移民的集散地，成了移民挥手故籍的作别之处，也成了后来无数移民后裔思乡念根之源。

据有关资料记载，自洪武六年（1373 年）到永乐十五年（1417 年），半个世纪内山西境内移民多达 18 次，移民被遣往北京、河北、河南、山东、安徽、江苏、湖北、陕西、甘肃、宁夏等地，遍布全国 500 多个市县。有些移民又二次迁徙至云南、四川、贵州、新疆及东北等地。

移民流传下来的故事也颇有意味。比如说，现在人为何喜欢背着手走路？传说是当时官员为防范移民中途逃跑，便把移民双手反绑，用一根长绳联结着。由于路途遥远，移民被长时间捆绑，导致胳膊麻木，形成反背手的姿势，以后就成了习惯。还有，为什么“大小便”称作“解手”？据传是因为移民被长绳串绑着，需要大小便时就得向官兵报告：“老爷，请解手，我要方便。”重复多了，后来简化成“老爷，解手”。“解手”一词，也就成为大小便的代名词。

20 世纪 80 年代初，大槐树公园重修扩建，目前属山西省文物保护单位，是我国祭祀文化中的瑰宝。

2. 尧庙

山西临汾，史称平阳。临汾有一座远近闻名的尧庙。

尧是我国古代五帝之一，传说他在位 90 年、高寿 114 岁。《尚书》有“尧都平阳”的记载。尧在此划定九州，形成中国最早的格局。

尧庙距今已有 1300 多年的历史（原址建在汾河以西，据称有 1700 多年的历史）。尧庙号称国祖庙，俗称三圣庙，自古以来就是国家级祭祀场所，是专门纪念尧、舜、禹三位先祖的庙宇。

高达 27 米的广运殿为尧庙建筑群的主殿。广运殿亦称尧殿，是帝尧召见群臣的殿堂，取“广以配天、运以配地”之意，故曰“广运殿”。殿前彩楼上刻有“民无能名”四个大字，意思是人民不知道该用什么样的语言来赞颂帝尧。

尧庙的五凤楼建筑雄伟，别具一格。五凤楼亦称“光天阁”，意为帝尧之功德，光天下之明、兆万民之福。人们把尧和与他共同开创基业的四位大臣誉为“五凤”，其余四人分别是：掌管山岳祭祀的四岳，主掌农业的后稷，负责天文学和历法的羲和，负责刑律的皋陶，他们胸怀天地，常在此商讨国事。五凤楼还有君臣团结、天下大治之寓意。唐以后历代筑城建殿时都设五凤楼，以示河清海晏、国泰民安。

五凤楼后面有尧井亭，尧王“寻蚁造井”，亲手所掘，井下泉水汩汩，至今可见。

庙内的尧典壁廊是全国第一座雕刻尧、舜、禹历史文献的纪念壁，图文并茂，碑文内容共分为13辑，分别是《尚书·尧典》《尧典图说》《尚书·舜典》《舜典图说》《尚书·大禹谟》《大禹谟图说》《尚书·禹贡》《禹贡图说》《帝王赞尧》《先贤咏尧》《本纪尧传》《典籍评尧》《史载记尧》等。尧典壁廊是一部记录尧、舜、禹功绩的精华史，被誉为“天下第一廊”。

3. 黄河古渡与铁牛

黄河跃龙门、出潼关，遭遇华山阻挡后东流。就在这大河转弯之前的山陕两岸，依次分布着风陵渡、大禹渡、茅津渡、蒲津渡等黄河古渡口。

位于山西省永济市古蒲州城西门外的蒲津渡，因出土唐开元铁牛而知名。1989年，经过查访勘探，此地发掘出土了四尊唐开元铁牛和铁人，分为南北各一组。

蒲津渡自古就是秦晋交通要冲，这里很早就有建造浮桥的历史。《春秋左传》《史记·秦本纪》中均有记载，隋唐亦然。唐开元六年（718年），蒲州被置为中都，与西京长安、东都洛阳齐名，凸显当地交通之重要。开元十三年（725年），唐朝重建其桥，铸造铁牛代替木桩，固锚作用更加强劲，建成了黄河上第一座固定铁索桥。元末，桥遭毁坏而弃之不用。明代，为启用蒲津渡，又曾多次利用铁牛建桥。“三十年河东，三十年河西”，黄河河床后来西移了5000米左右，铁牛在河床西摆过程中逐渐湮没于地下。

今天永济市古蒲州城西门外的黄河古道、蒲津渡遗址上，展示着出土的四尊铁牛和牵牛人。铁牛雄健壮硕，昂头直角、怒目圆睁，似在负重。每尊

▲
永济铁牛

铁牛高约 1.9 米，长约 3 米，宽约 1.3 米，重 30 余吨。据史料记载，铸造这些铁牛，耗用了当时全国铁产量的四分之一以上。牛尾后有横轴，长 3.3 米，用于拴连桥索。最为奇特的是，铁牛两只后腿是斜插入地下的，起到索桥墩柱的作用。每尊铁牛旁各有一个高鼻深目的铁人做牵引姿势，铁人亦健壮魁伟，形象栩栩如生。

黄河铁牛，见证了中华儿女的聪慧与勤劳。除了固定索桥，铁牛还有震慑洪水之用意。《易经》中说“牛象坤，坤为土，土胜水”，取“兵来将挡，水来土掩”之意，昭示当时人们与洪水斗争的决心和意志。著名桥梁专家唐寰澄在仔细研究这一带出土的铁牛、铁人后不禁赞叹道：“这是一个具体的工程建设，有实际功能的艺术珍品，是技术和艺术有机结合的典型，是中国人民对世界桥梁、冶金、雕塑事业的贡献，是世界桥梁史上唯我独尊的永世无价之宝。”

4. 夜听西厢

坐落于山西省永济市蒲州古城东 3000 米处峨嵋塬头上的普救寺，始建于佛教在我国大兴的武则天时期，重修于 20 世纪 80 年代中期。

这是一座典型北方风格的寺院。该寺坐北朝南，依山势而建，居高临下，俯瞰众生。寺院里面东中西三条纵轴线上分别为明清形制的前门、僧舍、枯木堂、正法堂、斋堂、香积厨，宋金两代的天王殿、菩萨洞、弥陀殿、罗汉堂、十王堂、藏经阁，以及唐代的大钟楼、塔院回廊、莺莺塔、大雄宝殿等。

我国古典戏曲名剧《西厢记》里“红娘月下牵红线，张生巧会崔莺莺”的故事就发生在这里。《西厢记》又名《崔莺莺待月西厢记》，作者王实甫。《西厢记》女主人公崔莺莺是相国之女，有“倾国倾城之容，西子太真之颜”，而且针织女红、诗词书算无所不能。而当时的张生则是一介飘零书生，赶考途中偶经普救寺，本想在此地访旧友、探名寺，没想到遇上滞留此处的崔莺莺，让他不禁发出“十年不识君王面，始信婵娟解误人”的赞叹。他借宿此寺，住进了西厢房。两人深相爱、热相恋，历经联吟、听琴、赖婚、逼试等曲折，从相见相思，到相爱相恋，终成眷属。《西厢记》剧情复杂、文辞优美，其中如“罗衣不奈五更寒，愁无限，寂寞泪阑干”“花影重叠香风细，庭院深沉淡月明”等句，与美丽动人的爱情故事相得益彰，在我国家喻户晓。

走进普救寺，张生当年借读的“西轩”“书斋院”，崔莺莺母女和侍女红娘居住的“梨花深院”，张生翻墙约会崔莺莺的跳墙处和他跳墙踩踏过的杏树，均有迹可循。有诗为证：“待月西厢下，迎风户半开。隔墙花影动，疑是玉人来。”《西厢记》“白马解围”一折中的“观阵台”就是如今的“大钟楼”，登上大钟楼，眼前似乎展现出当年张生的朋友白马将军仗义前来破贼解围的场景，“半万贼兵，卷浮云片时扫净”。

现今寺内有一方石碣，石上刻有七言律诗一首：“东风门巷日悠哉，翠袂云裾挽不回。无据塞鸿沉信息，为谁红燕自归来。花飞小院愁红雨，春老西厢锁绿苔。我恐返魂窥宋玉，墙头乱眼窃怜才。”这首诗记述着张生和崔莺莺这对青年男女美丽动人的爱情故事。

▲

普救寺

寺中最著名的莫过于以佳人之名命名的莺莺塔。这是一座方形砖塔，原叫舍利塔，塔高 37 米，共 13 层。该塔以“击石蟾声”闻名，列入我国四大回音建筑之一（其余三个分别是北京天坛的回音壁、河南宝轮寺塔、重庆大佛寺内的“石琴”）。该塔同时又与缅甸掸邦的摇头塔、匈牙利索尔诺克的音乐塔、摩洛哥马拉克斯的香塔、法国巴黎的钟塔、意大利的比萨斜塔并称世界六大奇塔。莺莺塔在明嘉靖四十三年（1564 年）重修过一次，于 20 世纪 90 年代再次修葺。关于“蟾声”之谜，科学家也给予了解释，这缘于它特殊的地形地貌、独特的建筑结构和建筑材料形成的特殊回波脉冲现象。

如有机会到这里游历，你可以亲自拿起石块击打莺莺塔下的石墩，体验回音之妙。

黄河出晋陕峡谷的禹门口后，在被称为『汾渭盆堑』的山陕平原上游走130余千米，遭遇中国地理分界线大秦岭的阻挡，用千年波涛触碰了一下潼关古城后，转了一个90度直角，径直向东奔去，穿越晋豫、豫西峡谷，开始了在华北大平原上的横冲直撞。

由于巨量泥沙淤积，历史上，挣脱最后一段峡谷后的黄河下游以悬河和决口泛滥著称，使之在华北大平原上形成的灾难和她铸就的辉煌齐名。

中华人民共和国成立后，三门峡因其地理地质的特点，成为『治理黄河水害、开发黄河水利』战略的首选之地。

第五章

前世今生三门峡

第一节　崤函古道今昔

探究华夏文明的孕育和发展，众多专家认为，黄河、渭河、泾河、汾河这一带功无可替。关中平原、河洛平原、晋南平原所传承的历史和遗迹，可以上溯到 4500 万年前的“世纪曙猿”、240 万年前开辟人类用火的西侯度文明。

三大平原的开拓、发展与繁荣，离不开崤函古道和黄河漕运。

1. 长安与洛阳之间

在中国历史上，古都长安与洛阳无人不知。

长安（西安古称）南依秦岭，北有渭河，素有“八水绕长安”之说，位于关中平原中部，气候温和，物产丰饶，人称“四塞之地”“天府之国”。中国五千年文明史中这里作为都城的历史就有近 1100 年，是中国历史上建都最多的城市。

洛阳位于黄河以南、洛水之北的盆地间，居于中原腹地，有“四面环山、六水并流、八关都邑、十省通衢”之说，“山河拱戴，形势甲于天下”。“河洛文化”是历史学家公认的国学文化的鼻祖。自西周成王时期周公旦在此建雒邑，东周时期正式成为王朝国都，共有 13 个王朝在此建都。西汉时期以洛阳为中心及以东地区设立“河南郡”，河南一词，便一直沿袭至今。

长安与洛阳，作为中国古代王朝的中心，虽然经常“城头变幻大王旗”，但是它们构成的中原繁华之带绵延达 5000 年。

三门峡便地处两大古都之间。

三门峡市所在地古称陕州（或陕县）。“陕”者，“山势四围曰陕”，陕州东有崤山，南靠甘山，北隔黄河望中条山，西依函谷关，三面依山，一面靠水，是东通洛阳、西来长安、南去汾晋的交通咽喉。陕州早期因西周文王的两个儿子、中国古代圣贤——周公旦和召公奭分陕而治得名，召公在陕地的甘棠树下教化民众、商议国事，所以这里又称“甘棠旧治”。

▲
三门峡崤函古道车辙

历史上的陕州城，被视为“两京锁钥”“险关要塞”，并且形成晋陕豫三省交界处的商贸重镇、文化名城。但是，几千年来，数不清的地震、洪水以及战乱，使这座城池遭到多次毁坏。1960年，因三门峡水利枢纽的兴建，陕州城处于库区水位线以下，全城居民大搬迁，后来，三门峡水利枢纽运用方式改变，这里恢复为三门峡市陕州风景区，形成古陕州及其著名八景，宝轮夕照、绣岭云横、崤陵风雨等依稀再现。

在古陕州城之东，一座新城拔地而起，那就是因三门峡大坝而兴起的三门峡市。新城旧廓，无论是在岁月悠悠的远古还是在日新月异的今天，三门峡作为晋豫峡谷中最为险峻奇绝的一段，都有无尽的诗卷，令人喟叹。

▲
河南洛阳古城

2. 崤函古道三关险

长安到洛阳距离 200 余千米，其间陕州的崤函古道以天险著称。

崤函古道之险因地势使然。陕州以南为秦岭，华山、亚武山、小秦岭等山脉，重峦叠嶂、山势险峻，无法逾越；向北，有黄河兼中条山，其间是厚厚的黄土高坡，被千万年的风雨侵蚀成千沟万壑，形成一道道陡峭的深沟，只有紧临黄河的一级台地上，有自然形成的狭长通道。当地有碑文记载道："车不并辕，马不并列，至险也。"

崤函古道有三，两路为陆路，一路为水路，均为险境。南崤道为雁翎关一线，时称"周秦古道"，已有 3800 余年的历史，据传有夏朝君王皋战死之后葬于此地的陵墓；北崤道在东崤，为东汉末年曹操感南道之险而开凿的，故称"曹魏古道"，南北两路相隔约 15 千米。水路指黄河漕运。根据东汉和平元年（150 年）重修栈道的石碑记载推算，此栈道至今已有 2000 余年的历史，现仍存有古栈道遗迹。栈道沿河岸而凿，上有陡峭山崖，下临汹涌洪涛，称为洪岩。黄河纤夫在此逆水上行，艰难险阻，苦不堪言，歌曰：“身背纤绳手扒沙，千里滩河步步愁。”到了秋季，天远山清，红叶满崖，艳若桃花，文人墨客行至此地，无不叹赞，号为“洪岩秋霁”，列为“陕州八景”之一。

崤函古道上的硖石关、函谷关、潼关，历来为兵家必争之地，古道险关狼烟弥漫，号角呜咽。

硖石关位于陕州东的硖石乡。其南为西崤，其北为东崤，硖石关就处在“山岸如削”的谷底。明代记载，其“山岭危峻，道路崎岖”。清中期的县志描述道：“车过尚需数人相挽而升，一遇升折，未有不破辕断辐者……自硖石抵干壕，往来称苦，不啻走孟门太行间。”据《水经注》作者郦道元考证，战国秦晋崤之战，由孟明率领的秦军三万余人，就是在此关被晋军打了埋伏，全军覆没，三位统帅也做了晋国的俘虏。此地西为车壕村，东有石壕村，均是因古道石板上留有深深的车辙而名。唐代大诗人杜甫著名的《石壕吏》一诗，就是于石壕村夜宿，目睹“有吏夜抓人”而写下的感慨民众悲苦的诗篇。

函谷关，位于灵宝市北 15 千米处，是中国古代十大险关之一，因深险如函，故名为函谷关。函谷关为春秋时期秦孝公所建，关城东西之间 7.5 千米，谷深 50—70 米，最窄处仅 2—3 米，仅能容一车通行，西汉人隗嚣称其“泥丸可封”，郦道元曾这样描写函谷关：“邃岸天高，空谷幽深，涧道之狭，车不方轨，号曰天险。”函谷关“双峰高耸大河旁，自古函谷一战场”。据统计，有典籍记载的战争就有 200 多次。

这里不仅是崤函古道的军事天险，而且是我国道教文化的发祥地。“紫气东来”的故事，就发生在这里。当年，函谷关关令伊喜善观天象，一天早上，他发现东方有紫云呈现，算出将有圣人来临。果真，老子李耳骑着青牛来到关下，要求出关。伊喜说，出关可以，但是有一个条件，那就是你要给我留下一篇大作。老子初时不肯，挡不住伊喜再三央求，只好答应。但见他提笔而书，洋洋五千字大作迅即出炉，这就是千古名篇《道德经》。

▲
函谷关

潼关，位于陕西省潼关县，因临潼水而得名。潼关建于一片塬地之上，此塬地势险要，从秦岭下来的冲沟共有七道，前五道冲沟沟水于东南方向汇合，行经灵宝后注入黄河，被称为远望沟；后两道冲沟沟水于苏家村汇合，被称为禁沟（亦称金沟），注入渭河，两条大沟与塬面的高差都在 200 米之上。关城周长 5000 米，北临渭河，南依秦岭，凭据着禁沟天险抵御东犯来敌；为了军事需要，沿禁沟筑有方台堡垒 12 座，称为十二连台，形成易守难攻之势。杜甫来此游历，曾叹云：“丈夫视要处，窄狭容单车。艰难奋长戟，万古用一夫。”

潼关的建造晚于函谷关，约建于东汉末年，作为关中东大门，经历过大小数十次战役，有记载的如曹操大战马超、安禄山用反间计攻占潼关等。此后，唐宋金元明清时期，得关中者，必先取潼关；解放战争时期，陈谢兵团

▲
潼关

从潼关北的风陵渡抢渡黄河，攻占潼关，开辟豫陕鄂根据地，策应刘邓大军在中原地区进行战略大反攻。

需要说明的是，这些关隘的位置，并不是一成不变的。在漫长的历史岁月和战争炮火的摧残下，这些关城历经变迁，如函谷关，汉代时甚至迁至洛阳西边的新安县。

崤函古道的大部，与现代交通线 310 国道、连霍高速公路、陇海铁路、郑西高铁线等并肩而行，得以拓宽利用。另有部分古道及险关，因地势偏远而保留，目前，作为丝绸之路的一部分列入世界遗产名录。

3. 人门、神门、鬼门

三门峡是穿行于中条山和崤山之间的大峡谷中的一段。这里两山对峙、山崖陡峭，河床中并排伫立着两座小岛，把浊浪排空的河水一分为三，河水

▲ 三门峡大坝全景

好似从三道门中飞流穿过。古代船工们根据舟行三道洪流中的不同险况，把这两岛三门形成的激流分别称为人门、神门、鬼门。这神奇的三门，相传是大禹劈山而成。远古时期，西来的黄河被三门峡一带高山阻挡，形成滔天洪水，泛滥于关中平原。大禹治水行经此地，高举神斧劈开大山，形成三门之势。

据研究黄河的地质学家考证，在黄河尚没有全线贯通的时期，三门峡一带为三门湖盆，黄河只是在十万年前才全线贯通，水通东海。那么，从现代地质学角度说，是不是湖盆中亿万年的沉积与冲刷痕迹，给了古人这份关于大禹劈山治水的想象呢？

在两岛的下游 400 米处，还有三座河心岛，自左至右分别名为张公岛、梳妆台和砥柱石。这三座岛还有与之相对应的历史传说，特别是砥柱石，位于峡谷河床中心，无论什么样的惊涛骇浪，它自岿然不动。成语“中流砥柱”，就是由此石此景而来。唐太宗李世民曾临黄河，观此石慨然而叹：“仰临砥柱，北望龙门。茫茫禹迹，浩浩长春。”这四行短诗，可谓是对中流砥柱最为深情宏大的赞美了。

三门峡水利枢纽兴建，坝址正好坐落在三门之上，因此，两岛被炸掉削平。其下游的张公岛、梳妆台和砥柱石仍在，述说着三门峡的前世今生。

4. 一座大坝一座城

一座水利枢纽兴起一座城市，三门峡最为典型。

三门峡大坝位于三门峡市区东北部约 14 千米处，大坝为钢筋混凝土铸就，坝高 106 米，坝长达到 713.2 米，横亘在豫晋峡谷最窄处，将奔腾的黄河水拦腰截断。在秋冬季节，三门峡水库碧波万顷、倒映山色，然而，在春末夏至时节，三门峡水库只有一道深深的河槽，水库空空如也。这是为什么呢？

这要从三门峡水库建设的争论说起。新中国成立后，为了征服黄河水害，让黄河造福人民，国家决定在第一个五年计划中开工建设三门峡水库。部分专家以及当事一方陕西省对于修建三门峡水库持反对意见，他们认为，三门峡工程虽然能够解决黄河下游防洪问题，但是水库回水将导致渭河入黄河不畅，从而给富庶的关中平原带来不利影响。尽管如此，在当时的条件下，中国人民盼望实现“黄河清、天下宁”的理想与热情赢得了多数票。1957 年 4 月 13 日，三门峡工程正式开工，次日，《人民日报》发表了激情洋溢的社论《大家都来支持三门峡》。在祖国四面八方的支持下，仅仅三年多的时间，1960 年 9 月，三门峡主体工程高速、高效、高质完成，10 月，开始蓄水。一库碧水，映照了全国人民企盼征服黄河、造福人类的心愿。

然而，黄河的复杂性很快就显示出来。也就是这一年，黄河洪水泥沙骤然增加，似乎想给新生的大坝一个下马威，在一年半的时间内，库区内居然淤积泥沙 15.3 亿吨，到了 1964 年，淤积泥沙总量达到 47 亿吨。巨量的淤积，不仅使库容损失，而且，由于库尾水位抬高等原因，造成渭河防洪形势紧张，进而威胁到西安和关中平原的防洪安全。

面对这样一种尴尬局面，时任国务院总理的周恩来沉着冷静，他亲自主持三门峡工程的讨论会，在会上提出一系列今天来看仍然具有全局性、前瞻性的指导意见。根据多次讨论的意见，三门峡大坝得以保留并进行了大的改建，1973 年，三门峡水库运用方式从以前的“蓄水拦沙”改为“蓄清排浑”。也就是说，运用初期，三门峡水库是把上游所有来水来沙都拦在大坝内；此后，只拦蓄秋冬季节的清水，对于夏季挟带泥沙的洪水，除非特殊情况，就让它穿堂而过。用这样的方式，既保证了上游的稳定，也控制了桀骜不驯的洪水，还发挥了大坝防洪、发电、供水、灌溉等综合效用。

三门峡是新中国成立后治理黄河的一次重大实践，有成功的经验，也有失败的教训。正是因为有三门峡的实践，才有此后黄河小浪底工程的建设和调水调沙运用。专家们说，包括三峡大坝的建设，都汲取了三门峡工程的实践内容，达到了在多泥沙河流中建造水库并成功运用的目的。

如今的三门峡大坝，巍然屹立于豫晋峡谷之中，尤为可观的是，它的上上下下形成了大片的湿地，在西伯利亚至南半球之间迁徙的大鸟——美丽的天鹅，看上了这片神奇的土地，把这里作为它们中途栖息之地。隆冬季节，天寒地冻时，库区两岸的天空中时时有高亢的鸣叫，一队队排着整齐队形的天鹅在山间、水面、冰上划过，那高贵、典雅的身姿，吸引了全国各地摄影爱好者们不辞劳苦地来到这里。三门峡由此还获得一个意外响亮的名字——“天鹅之城”。

当你来体验古道的艰辛、关隘的硝烟时，别忘了带上你的相机，留下天鹅引颈高歌的身姿吧。

5. 永乐宫

永乐宫原址位于山西省永乐镇，故名为永乐宫。它是一座以壁画闻名于世的艺术宫殿，是道教全真教派的祖庭之一，也是因三门峡水利枢纽而首个迁址的国家级文物保护单位。

在民间，“八仙过海”“狗咬吕洞宾——不识好人心”的谚语妇孺皆知，吕洞宾就是道教传说中的八仙人物之一，永乐宫据说就是吕洞宾的故居。吕洞宾原名吕岩，唐中晚期人士，出生于官宦之家。他自幼饱读经书，据载曾于唐宝历元年（825 年）中进士，时年已 67 岁。吕岩因厌倦唐中后期的兵荒马乱，决意抛弃荣华富贵，散尽万贯家财，与妻子躲避到中条山中修行。在修行过程中，他遇到仙人钟离权，便拜之为师，道号纯阳子。吕洞宾一生乐善好施，扶危济困，深得百姓敬仰。他去世后，百姓在他故居修建了吕公祠。金朝，道教全真派兴起，创始人王重阳主张儒、释、道三教合一，以“独全其真”为宗旨，故名其教为全真。吕洞宾属全真派人物，人们便改吕祠为吕观。元朝初期，忽必烈深知道教在中原群众中的影响，为了安抚百姓、巩固统治，遂崇尚道教，派道教国师丘处机管领，大兴道观，并在吕观的基础上大兴土木，修建永乐宫。从修建宫殿到壁画完成，用了整整 110 年，建筑

◂ 永乐宫壁画

用时几乎与元朝同始终。

永乐宫壁画内容丰富，数量巨大，笔法高超，举世罕见，绘画总面积达到 960 平方米，堪称中国绘画史上的杰作。永乐宫除宫门外，共有三重殿阁，自前至后分别是三清殿、纯阳殿和重阳殿。

三清殿是永乐宫中最大的殿堂，供奉着太清、上清、玉清三座元始天尊，殿内四壁皆是壁画，面积为 403.34 平方米，画面上共有 289 位人物，故事情节主要表现这些天神朝拜元始天尊的道教仪式，因而又被称为“朝元图”。三清殿壁画明显继承了唐代画家吴道子的风格。

纯阳殿是为奉祀吕洞宾而建，绘画故事以吕洞宾为主。其中，有一幅《钟离权度吕洞宾》堪称名画，此画高 3.7 米，面积达 16 平方米。画中，仙人钟离权体态壮健、袒胸露腹、神态慈祥、目光自信，而吕洞宾则双手笼袖、神情谦恭。两人的背景是高山流瀑、苍劲老松，寓意深刻。在画法上，环境处理巧妙得当、人物刻画生动传神、用笔精练细腻，代表了元代高超的绘画水平。

重阳殿的壁画以道教人物王重阳为主要内容，但是生动地反映了形形色色的社会生活，从王公贵族到厨夫、茶役、乐手，应有尽有。画面描绘了他们的梳洗、打扮、吃茶、煮饭、种田、打鱼、砍柴、教书、采药、闲谈等生活百态，人物多样、神态逼真，不失为记录元代社会生活的缩影佳作。

永乐宫于 1959 年大搬迁。因三门峡水库建设，永乐镇将淹没于水下。周恩来总理亲自批示，国家举全国之能之力，耗时八年有余，将永乐宫整体向东北方向迁移 25 千米，至今天的山西省芮城县北的龙泉村，并且达到宫殿与壁画恢复如初的水平。这在当时，也是三门峡水利枢纽建设中的一个奇迹，为后来国家工程建设积累了宝贵的经验。

第二节　泾渭分明浥轻尘

渭河发源于甘肃省境内的鸟鼠山，是黄河最大的支流。它汇集了来自黄土高原的泾河，孕育了肥沃的关中平原，于潼关汇入黄河。

这八百里秦川，是中国历史上最为风云变幻的故土。

1. 灞上风云

灞上即霸上，在今西安市东，因在霸水西高原上得名；又因有白鹿出灞上，始称白鹿原。这块不大的土地曾经多次易名，不同的名称或牵连着波澜壮阔的历史，或连缀着闪耀古今的诗篇。

《史记·白起王翦列传》：“王翦将兵六十万，始皇自送至灞上。”从此燃起了灭六国的战火。《史记·项羽本纪》绘声绘色描述的鸿门宴也发生在这里：“沛公军霸上，未得与项羽相见。”曹无伤挑拨道：“沛公有野心。”有勇无谋的项羽大怒，准备第二天就击破刘邦军。敌强己弱，刘邦急向项羽示弱请罪。双方在宴会上斗智斗勇，一方茫茫然似胜券在握，一方如鱼儿急急破网入海，直气得项羽的军师范增摔玉斗而骂：“竖子不足与谋！”灞上一宴，刘项胜负几成定局。

叶剑英在《重读毛主席〈论持久战〉》中道：“唱罢凯歌来灞上，集中全力破石头。”这与毛泽东“宜将剩勇追穷寇，不可沽名学霸王”的思想一致，是以楚汉争霸历史为鉴而发出的感慨，足见灞上在战争谋略中的地位。

这里又称作“霸陵”，因汉文帝及其母薄太后之陵而名。薄太后这位苏州女子曾是魏王豹的妃子，被汉高祖刘邦带至宫中。后薄氏产子，即汉文帝刘恒，刘恒之子刘启即汉景帝。这位太后不仅力劝儿孙两代皇帝躬耕农田，自己还亲下农田拾麦穗。文景之治，使汉朝成为中国历史上少有的繁荣富足的时代之一。

据说，赵高“指鹿为马”中的鹿，即捕于白鹿原。由于紧傍秦岭，这里森林茂密、泉水长流，养育了数不清的野生动物，成为汉代上林苑的一部分。据《汉书·旧仪》载：“苑中养百兽，天子春秋射猎苑中，取兽无数。其中离宫七十所，容千骑万乘。”汉文学家司马相如著《上林赋》，劝讽皇家不要奢侈浮华，但是由于其笔法至臻至美，成为赋体的典范之作，后人不解其本义，反而对上林苑充满向往。

秦汉时在灞河上架有木桥，名曰“灞桥”；唐时在灞桥设驿站，被称作“灞亭”，古时人们多在此迎送宾客。暮春时节，灞桥之畔，清风拂动垂柳，柳絮漫天飞舞，恍若白雪飘落，这就是“长安八景”之一的“灞柳风雪”。离开繁华温柔之地，去寻找新的人生坐标，难免愁肠百结，情与景融，离愁别绪顿生，执手相看，长吟而别，不朽诗作由此而成。“箫声咽，秦娥梦断秦楼月。秦楼月，年年柳色，灞陵伤别。　　乐游原上清秋节，咸阳古道音尘绝。音尘绝，西风残照，汉家陵阙。”李白一首《忆秦娥》，道尽天涯游子去国怀乡的心境。

宋元以后，这里重重叠叠的古冢弥漫着帝王的暮气，压抑了原始林野中的勃勃生机。农耕社会不紧不慢的节奏，控制了这片200多平方千米的黄土地，灞上趋于沉寂。如今，楚汉争霸已成过眼云烟，“灞柳风雪”早已无处可寻，但来到这里的人们，往往不经意间就会触碰到尘封的历史脉动，引发

无尽的思索。

2. 华山论剑

一说起华山，众多武侠爱好者第一反应通常是武侠小说名家金庸笔下的华山论剑。武林的顶尖高手会集华山，各施绝技，决一高下，乃武林中难得一见的比试。

华山，不仅在武侠小说中得到神化，而且是我国著名的五岳之一，号称“西岳”。华山位于陕西省华阴，雄踞关中东部，南接秦岭，北瞰黄渭，扼守着大西北进出中原的门户。华山以“奇险峻秀”著称，是亿万年前造山运动岩浆侵入地壳冷却形成的一块硕大无比的花岗岩体，犹如擎天一柱，古代就有“华山如立”的说法。

▲ 华山

华山海拔 2154.9 米，有东、西、南、北、中五峰。主峰有南峰“落雁”、东峰“朝阳”、西峰“莲花”，三峰鼎峙，李白曾写诗赞叹其“势飞白云外，影倒黄河里”。云台、玉女二峰相辅于侧，36座小峰，虎踞龙盘，罗列于前。因山上气候多变，形成“云华山”“雨华山”“雾华山”“雪华山”，游客置身其间，有身临仙境之感。华山上的著名景区有210余处，有凌空架设的长空栈道，三面临空的鹞子翻身，峭壁绝崖上凿出的千尺幢、百尺峡、老君犁沟等，其中华岳仙掌被列为关中八景之首。华山四季景色变幻迷人，蓄秋冬之壮观、春夏之柔媚，鸣泉、飞瀑、红叶，云雾雨雪，峭岩青松，赏不尽的奇丽旖旎。此外，华山日出映金、苍龙行云、秋季红叶、冬季雾凇、雨季弧光、夏季幻影、宝莲神灯、地球阴影等幻象奇观，每年都吸引数以百万计的游人。

除自然景观迷人外，华山还是中国道教名山。道教典籍《云笈七签》中把华山作为“第四洞天”，名曰太极总仙洞天，这里是全真教华山派的发源地，也是被誉为“儒师道祖”陈抟隐居的地方。陈抟，五代宋初著名道教学者、隐士，继承汉代以来的象数学传统，并精通黄老清静无为思想、道教修炼方术和儒家修养，对宋代理学有较大影响，后人称其为“陈抟老祖”“睡仙”“希夷祖师”等。他注释《正易心法》，倡先天易学，把“道儒佛”三家之学融合在一起，三教互补，融会贯通，为中国自然科学的发展提供了有力参考。陈抟其人与世无争，不贪富贵，不求仕禄，成为中华民族古代史、政治史、文化史上的一代楷模。

▲
泾渭分明

▲
关中平原

山不在高，有仙则名，应是华山最恰当的注脚。

3. 老腔醇酿

“听老腔，看老腔，听了老腔身心狂。”陕西老腔可以说是原汁原味、从古代传承至今的“乡村摇滚”，土得掉渣，却古朴老辣，能把人撩拨得血脉偾张、物我两忘。

老腔萌生于华山脚下渭水之滨，由当年船夫与纤夫叩舷而歌衍化为说唱表演，曾作为皮影戏的伴唱流传。与当地流行的其他剧种相比，年代较早，且音乐沉稳浑厚、粗犷豪放，为古老之遗响，故谓之“老腔”，2006 年被列为首批国家级非物质文化遗产。老腔表演通常在一个不大的剧场，一走进去，就能感受到浓郁的乡土气息：舞台上面覆盖着一席麻片，皱皱巴巴，高高低低，配以石碾、石臼、辘轳架，还有四方桌、条凳、马扎等。“咣”的一声定音锣后，拉胡琴的、敲锣打钗的、吹唢呐拾竹板的、打檀木击条凳的，或撑臂下胯，或坐在四方桌上衔着旱烟锅，或蹲上长条凳擎着大海碗，这阵势，活脱脱就是千百年来中国北方六月麦黄天傍晚村边的情景。

老腔一个最大的特点就是“吼”。除二胡以外，所有的腔调与乐器无不极尽夸张，锣声是咚咚的，唢呐是聒聒的，大面鼓是啵啵的，短促紧凑，音韵铿锵。最为激动人心、震人魂魄的，是老汉们手拿的半截砖似的檀板，随着唱腔的节奏，他们把檀板大力摔向桌椅，完全是开山斧辟大树的架势。为了把全身的力气摔出来，老汉们不把条凳当死木头看，一翻手腕把长凳转得呼呼啦啦。于是，肩头、臂膀裸露的肌肉像跳动的兔子，灯光下油光光的汗水四处飞溅。唱者则运足了底气，鼓涨了血脉，似乎全身的每一个细胞都充满了气，然后如凌空惊雷、似水银泻地，让听者无处可遁，声音刺透耳膜，直入心扉。

“他大舅他二舅都是他舅，高桌子低板凳都是木头。”“男人下了田，女人做了饭。男人下了种，女人生了产。娃娃一片片，都在原上转……”这是何等的真实质朴！“太上老君犁天犁地，犁了个沟沟是黄河……”这是怎样俯仰天地的气概！千百年难以驯服的泱泱大河，似乎也在他们的吼声里委顿下来。

老腔带着一人唱满台的气势，带着嘶哑悲凉的苦音，咏叹征战和剿杀、牺牲和失败、繁衍与劳作，唱出得胜的英雄气吞山河的豪迈，唱出失败的英雄马革裹尸还的粗犷和悲凉，唱出陕西人的冷峻和怆然。

“拉坡号子冲破天，枣木一击鬼神惊。”老腔，是裹挟着黄河泥沙的涛声，是华山雷雨山洪的天籁，更是生命原始本真的呐喊。

4. 渭与河的恩怨

说到渭河，不少人一定会想到成语“泾渭分明”。此成语用来比喻界限清楚或是非分明，也用来比喻人品的清浊，或对待同一事物表现出来的两种截然不同的态度。成语源自一大自然景观。渭河是黄河的最大支流，泾河又是渭河的最大支流。渭水流经秦岭山脉，属石质山地；而泾水流经黄土高原，是水土流失严重的地区，泥沙量大于渭水，两河在古城西安北交汇时，呈现一清一浊、互不相融的奇特景观，形成一道非常明显的界限，成为关中八景之一，闻名天下。

渭河，古称渭水，全长 818 千米，流域面积 13.43 万平方千米，发源于今甘肃省定西市渭源县鸟鼠山，主要流经今甘肃天水，陕西省关中平原的宝鸡、咸阳、西安、渭南等地，至渭南市潼关县汇入黄河。

渭河从两座大山即秦岭和渭北北山的夹角处猛地一跃，冲出山的包围，进入大平原。可以说，关中平原是渭河的产物，是它在亿万年里裹挟泥沙步入黄河之前在这里形成的淤积。这就是人们常说的冲积平原。渭河平原西起宝鸡，东至潼关，南北宽窄不一，号称“八百里秦川”。历史上，人们将这片平原以河流命名，称为渭河平原。也有人叫它关中平原。关中土地肥沃，河流纵横，气候温和，灌溉发达，盛产小麦、棉花等，是我国重要的农作物产区。汉代，张良用“金城千里”概括关中的优势，劝说刘邦定都关中。战国时期，苏秦向秦惠王陈说“连横”之计，称颂关中“田肥美，民殷富，战车万乘，奋击百贸，沃野千里，蓄积多饶”，并说，“此所谓天府，天下之雄国也”，这个称谓比用之于成都平原早了半个多世纪。

渭河在陕西潼关注入黄河。从地理上讲，潼关位于黄河、渭河、北洛河三河汇流区的出口。因为汇流区河谷宽阔，而潼关处河谷狭窄，所以形成天然“卡口”。呈“几”字形的黄河自北向南撞击潼关，渭河则自西而来，也在潼关汇入黄河。在三门峡水库运用初期的 1960 年至 1964 年，蓄水拦沙，高水位运行，使得近五十亿吨泥沙淤积于库中，造成了潼关河床骤然抬升，继而引发渭河下游河道泥沙淤积、尾闾泄流不畅等问题。加之渭河本身高含沙特性，也存在泥沙淤积的问题，特别是 1991 年以来，渭河来水量剧减，水沙比例严重失调，造成河道萎缩，河床抬高，过流能力大大下降，加上渭河堤防质量不高，终造成了 2003 年渭河“小水大灾”的悲剧。

三门峡大坝采用“蓄清排浑”的方式后，库区泥沙淤积减轻。与此同时，

▲

渭河两岸

水利界科研单位和三门峡大坝管理部门一直为降低潼关高程、畅通渭河入黄河进行积极探索。2005 年，国务院批准了对渭河进行重点治理的规划，加大了对渭河治理的投入。2011 年 2 月 17 日，渭河综合治理工程全面开工，按照人水和谐的治理理念，当地统筹实施了堤防建设、滩面治理、水量调度、绿化治污、开发利用等一系列重大工程。2017 年，陕西渭河获得首届全国“最美家乡河”的荣誉称号。2022 年 12 月 1 日，《陕西省渭河保护条例》经陕西省人民代表大会审议通过，于 2023 年 4 月 1 日与《黄河保护法》同步施行，这标志着陕西省渭河保护和高质量发展步入了依法治水的新的历史阶段。我们相信，通过各方努力，渭河将成为造福三秦大地人民的幸福河。

洛河古称『雒水』，发源于陕西省蓝田秦岭深处，全长450余千米，在河南洛阳东北方向接纳伊河后共同汇入黄河。沁河发源于山西省沁源县太岳山东麓，行程495千米，于河南省武陟县汇入黄河。这是黄河在冲出豫西大峡谷前分别接纳的两大支流。

黄河在这一带形成波澜壮阔的景象，开始了它的平原之旅。

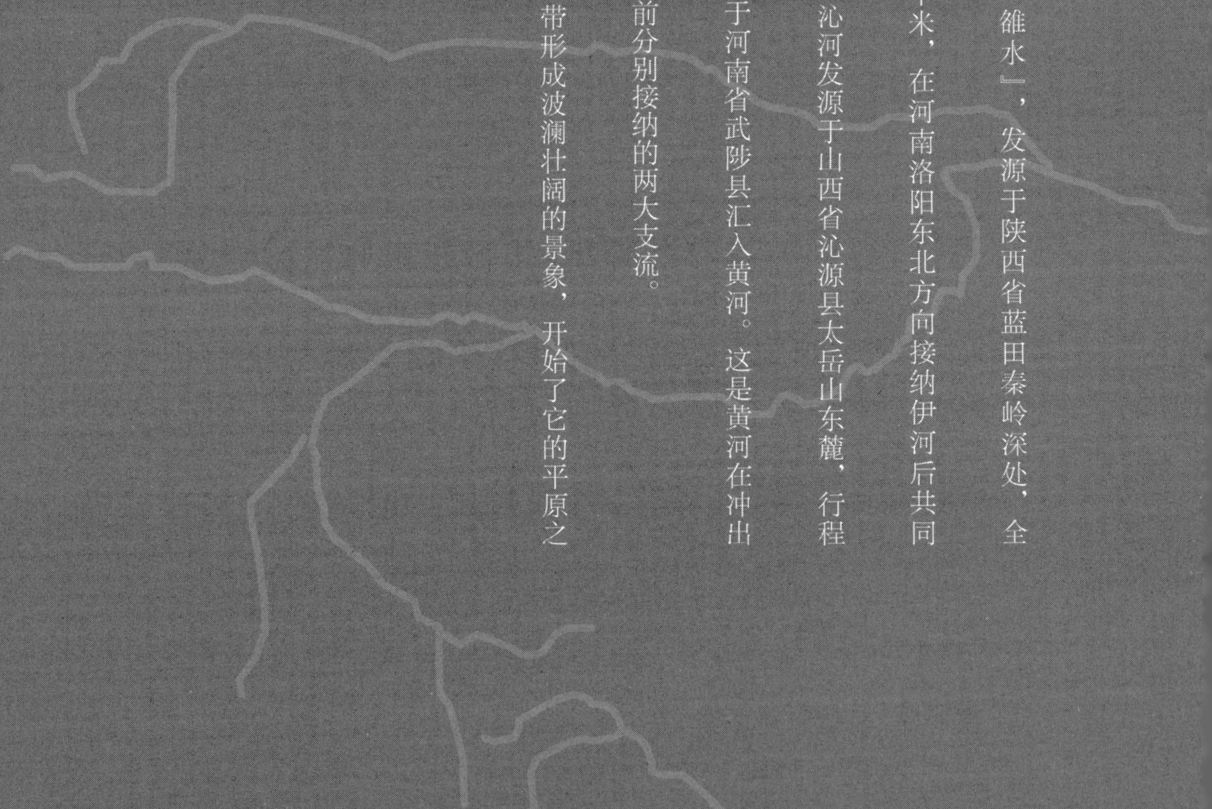

第 六 章

河洛回环蕴初祖

第一节　中华文化之根

“河出图，洛出书，圣人则之。”传说，三皇五帝之首的伏羲氏在河洛交汇处观天察地，创立八卦，并且变革婚俗、驯养牲畜、草创文字、发明琴瑟，被人们奉为人文初祖，开创了中华民族从旧石器时代向新石器时代过渡的丰富斑斓的文明。

1. 伏羲画卦河洛处

河南省巩义市东北方向大约 10 千米处，有个河洛镇，在该镇洛口村东黄河南岸山岭上有一平台，颇为有名，那就是伏羲台。伏羲台呈椭圆形，东西长 150 米，南北宽 100 米，相传是伏羲氏当年画八卦的地方。台东面有一个 15 平方米左右的洼地，被称为“羲皇池”。

伏羲台前广阔的河面，曾是河洛交汇处，是著名的河图、周易八卦的发源地。黄河浊，洛水清，其交汇处，清

浊异流，形成阴阳二极漩涡现象。传说，伏羲氏在此观察到这一现象，受到启发，“仰则观象于天，俯则观法于地，近参乎身，远取诸物，明阴阳，洞天机”，从天地万物的变化中感悟出大自然与生物间的道理，并结合河图，创制了八卦，“以通神明之德，以类万物之情”，开创了华夏文化的源头——《易经》。此后，文王拘而演《周易》，孔子厄而作《春秋》，把中国文化引向广阔无边的境界。

这里北临黄河，南依邙山，东据虎牢，西望洛川，气候温和，土地肥沃，交通便利。大约在 1.5 万年前，我们的先人在这里开始了由旧石器时代向新石器时代的过渡，20 世纪初在洛阳西渑池境内发掘的仰韶文化遗址，正是这一时期文化的代表。据考证，伏羲氏其实就是这一时期的大部落首领。

伏羲氏是一个有智慧的人，善于发现与总结。除了创立八卦的杰出贡献，历史学家根据古代著作，还概括了伏羲氏的几大贡献：一是变革群婚婚俗，实行族外通婚，结束了子嗣只知其母不知其父的原始状态，提高了后代的身

▼ 黄河巩义段

▲ 郑州桃花峪黄河大桥

体素质；二是教人结网捕鱼、驯养家畜，提高了劳动生产力；三是创造基本文字、发明琴瑟，文化的曙光开始显现；四是任命官员治理地方，开社会治理的先河。

伫立伏羲台上，极目四望，视野极佳，四下俱静，不由得思绪开始追溯远古：炎帝尝百草、黄帝修坛沉璧、尧舜禹举行禅让大典、夏启建立奴隶制国家、太康迁都、商汤祷雨……一系列重大历史事件都发生在这里。观黄河奔流，思历史悠远，让人不禁感慨万千。

2. 河图洛书圣人则之

带着对易学起源的崇拜与好奇，我们寻访了有1600多年历史的龙马负图寺。

龙马负图寺位于洛阳市孟津区雷河村。古代，雷河于此处汇入黄河，相传有龙马出于此河。据专家分析，龙马大概为龙形之马，马背上有点绘之图。

伏羲氏依照马背上的图纹画出了八卦，即乾、兑、离、震、巽、坎、艮、坤，这就是八卦的由来。后人据此将雷河村奉为伏羲氏的祭祀之地，并且建造了规模宏伟的龙马负图寺。

关于河图洛书的记载与解释，不胜枚举。《易经·系辞上》：“河出图，洛出书，圣人则之。”大意是说，河出图，伏羲以此推导出世间道理；洛出书，大禹据此平定洪水、制定法度；圣明的人是能够根据天理总结出规律性理论的。《礼记·礼运》有：“天降甘露，地出醴泉，山出器车，河出马图，凤凰麒麟，皆在郊棷。”这些经典认为，河图洛书皆为顺吉祥瑞之态。《论语·子罕》道：“凤鸟不至，河不出图，洛不出书，吾已矣夫！”孔子更是感慨，如果没有河图洛书出现，“我”早已湮没了。

龙马负图寺，初名“浮图寺”，始建于晋怀帝永嘉四年（310 年）。该寺北临黄河，南依邙山，紧邻雷河故道。寺院规模宏大，寺内香火鼎盛，清代河南府尹张汉游此寺曾留诗云：“性癖耽奇古，重游河水隈。行过负图里，接近读书台。七月初阳发，先天一画开。归时夸父老，亲见伏羲来。”

该寺为三进院落结构：一进为山门、鼓钟楼，但见山门峻拔巍峨，两侧分立“图河故道”“龙马负图处”两通巨碑；二进为伏羲、文王、孔子三圣殿；三进为正殿——三皇殿，重檐庑殿顶结构，殿高 21 米，宽 30 米，殿内伏羲像居中，炎黄二帝塑像分列左右。三皇殿顶部极具特色，是据《易经》“观天象于天”的记述而构思。衬底为天蓝色，中有伏羲六十四卦方位图，卦象黑白相间，中为金色北斗七星图，斗柄回转，寓指四季。

寺内现存最为珍贵的应属石刻石雕。寺内存有宋、明、清三代著名学者程颐、朱熹、邵雍、王铎等人撰写的碑铭诗赋，这些碑刻对研究《易经》和书法艺术都有重要价值。

3. 济水之源

结束了河洛交汇之旅，下一站我们可以跨过黄河，拜会一下济水之源。这是一座因济水发源处而得名的古城，有一座古代皇帝祭祀江河的重要场所——济渎庙，在这里，我们可以探寻古济水留下的点点滴滴。

▲

龙马负图寺

▲

济渎庙

古代社会，祭祀是朝廷的头等要事。据《礼记·王制》记载，古代天子所祭天下名山大川，即五岳四渎。“五岳”，指东岳泰山、西岳华山、中岳嵩山、北岳恒山和南岳衡山。“渎”者，独也，是指我国古代独立入海的大河。“四渎”，即“江、河、淮、济”。前三条河流对中华民族繁衍生息和中华文明源远流长的重要性不言而喻，那么，这个济水在哪里？古代帝王为什么要如此重视祭祀这条河流呢？

词典阐释道：“济水，古水名，发源于今河南，流经山东入渤海。现在黄河下游的河道就是原来济水的河道。今河南济源，山东济南、济宁、济阳，都从济水得名。”

此词条表明，一是黄河并不走现行河道，二是黄河袭夺了济水的河道。黄河与济水的关系，至今仍是地质与河流研究之谜。

黄河左岸在河南焦作一带离开峡谷，右岸仍然沿北邙山东行，经郑州、开封、菏泽、济南、滨洲等地，在东营注入渤海。其实，这条河路，很早以前是济水的河道，所以，在黄河岸边，才有济之南、济之阳、济之宁等城市。而远古黄河，出峡谷后，开始偏左向北而行。据史书记载，较早称为“禹河故道”的黄河一直到金代，大致沿武陟、新乡、安阳而行，在天津附近入海。显然，从当代的地质地形来看，济水与黄河形成了一个交叉路径。那么，济水是如何穿过黄河的？黄河又是如何与济水相容的？有人猜测，济水是从黄河之下穿过的；也有人考证，济水直接从黄河河道中穿过并保持了清流。但是直到今天，人们仍然没有真正搞明白古代这两条河交互重叠之谜。至少在唐代，人们已经知道了这一现象。唐代诗人白居易临济水，有感而作，诗云：“自今称一字，高洁与谁求。唯独是清济，万古同悠悠。”中国古代通常把品德高尚、不慕荣华的知识分子称为“清流”，就是受济水的启发。

关于济水，唐代还有这样一则典故。唐太宗李世民曾问大臣许敬宗：“天下洪流巨谷不载祀典，济水甚细而尊四渎，何也？”许敬宗答曰：“渎之为言独也，不因余水独能赴海也。济潜流屡绝，状虽微细，独而尊也。”济水虽然细微，却能独流入海、独保清流，这种不达于海誓不罢休的顽强精神和

▼济水

保持清流不混于浊污的高尚品格，应该就是它始终位列四渎的原因。

祭祀之风，古来有之。在以农业为主的社会中，生产力低下，人们面对一些无法解释的自然现象，便相信是神灵的旨意，更将秀美的名山大川想象为神灵居住的地方。长江、黄河的源头尚不清楚在哪里，淮河之源相对比较远，而济水距古都最近，因此，古人对济水的祭祀也最隆重、频繁。据史书记载，自隋起，但凡遇到战争、政权更迭、干旱甚或皇室成员生死的大事，皇帝都要遣使至济水举行盛大的祭祀活动。

济渎庙位于济源市区西北部一条幽静的小街。它坐北朝南，总体布局呈“甲”字形，总面积8万多平方米，现存古建筑72间，为河南省规模最大的古建筑群之一。济渎庙山门巍峨，被称为清源洞府门。这一名称是有典故的：历史上，长江被封为广源公，黄河被封为灵源公，淮河被封为长源公，济水被封为清源公，所以祭祀济水之神的地方又叫清源洞府，它的第一道门就叫清源洞府门。可不要小看了这座山门，它是河南省现存规模最大的明代木结构牌楼建筑。过了山门，是一条专供代表皇帝祭祀的钦差大臣所走的御道。

御道的尽头，便是渊德门。渊德门后是济渎庙主殿——渊德大殿，但它已经消失在历史的烟尘中，只给后人留下了斑驳的柱基。

渊德大殿虽然被毁，济水神的寝宫却保留了下来。这座建于北宋开宝年间的寝宫是河南省现存年代最久远的古建筑，也是河南省现存的两座宋代单体木结构建筑之一（另一座是少林寺后的初祖庵大殿）。

寝宫后面的龙亭，仿佛一位历经沧桑的老人，也像一座建筑历史的展示台。它的柱础是宋代的，柱子是元代的，而顶部为明代重修，一个小小的亭子涵盖了几个朝代的建筑风格。

龙亭之北，是一池清水，这就是济之源，清澈、宁静。你也许想象不到它是一条独立入海的河流，想象不到它能够交汇浊流而清澈不减，想象不到它成就了黄河的今天，它的清澈与静谧，依旧在映照着来观看它的人们。

4. 嘉应观

出了武陟县城，往东南走 13 千米的乡野中，有一座始建于雍正元年（1723 年）的敕建嘉应观。这是雍正皇帝为封赏历代治河功臣而修建的龙王庙，它集宫、庙、衙为一体，共同祭祀黄淮诸河神。除敕建的荣耀外，嘉应观还是我国唯一一座记录治黄史的庙观。

历史上，黄河下游的温县、武陟一带洪水灾害频繁，仅康熙六十年至雍正元年的三年间，黄河就在武陟詹店、马营、魏庄、秦厂四地决口，创下黄河决口处最多的纪录。为治河安邦，雍正皇帝派河道总督率众堵口，并亲临武陟河防筑坝。在堵口成功后，雍正帝特下诏敕令一位叫齐苏勒的河臣率五省民工，历时四载，耗资 288 万两白银，敕建嘉应观。

嘉应观有黄河故宫之称，处处留有雍正帝的痕迹。前殿，悬挂着雍正帝御书的嘉应观匾额，“嘉”为美好祥瑞之意，“应”为天意报应，“嘉应”二字寓意着从古到今中华儿女对黄河安澜的向往。

迈入嘉应观，迎面就是一顶状如官帽的御碑亭，亭前一副楹联：“河涨河落维系皇冠顶戴，民心泰否关乎大清江山。”此联为雍正帝所拟，一语道出黄河安澜、民心向背与国家政权的重大关系。楹联为当代满族书法家启骧所书，笔力瘦俊挺拔，可谓与文意相辅相成。

御碑亭内耸立着高 4.3 米、宽 0.95 米、厚 0.24 米的铁胎铜面的御制大铜碑。这是嘉应观的镇观之宝，碑文是雍正帝亲自撰写的对当年黄河决口的详细记录，如今已成为珍贵的文献资料。

嘉应观有“三绝”，这铜碑才是一绝，另外两绝是钟楼上的八音钟和观中的中大殿。

钟楼上的八音钟为铜铸。之所以称为八音钟，是因为沿着钟周围按照八个方位铸着八卦图，用棒敲击，每个方位的音阶都不相同。其中缘由，至今尚未能解。

嘉应观的中大殿，为重檐歇山回廊式建筑，殿内藻井彩绘 65 幅龙凤图，正中立有“钦赐润毓”金牌。令人称奇的是，大殿建成至今，殿内不见蛛网，

▲
俯瞰嘉应观

▲
嘉应观御碑亭楹联

不粘灰尘，鸟虫不进。有人相传殿内藏有“避尘珠”，可到今日也没有发现。

嘉应观中还有一个值得一看的建筑样板——禹王阁的“齐缝墙”。一般的砖瓦建筑，墙体都是砖与砖相互咬茬，而禹王阁的后檐墙互不衔接，独自向上。关于齐缝墙，当地流传着这样一个传说。雍正帝敕令建造纪念大禹的宫殿，下旨挑选工匠。武陟县在数百个能工巧匠中推举了谢旗营的王氏三兄弟，老大垒东山墙，老二垒西山墙，老三垒后檐墙，兄弟三人各调各的线，各砌各的墙。工程完工后，监工发现三堵墙互不衔接，极易倒塌，认为三兄弟竟然抗旨、蔑视禹王，于是将三兄弟打入死牢。兄弟三人在狱中向皇帝申冤说，我们不是对禹王不忠，而是认为地壳有软有硬，一旦发生地震，这样的建筑方式可以起到防震作用。果真如三兄弟所言，两百多年过去了，嘉应观经历了三次大的地震，仍巍然屹立。有专家认为，这种“齐缝墙”实际上是现代建筑概念中的“沉降收缩缝”，的确具有防震作用。

岁月悠悠，嘉应观早已失去了昔日的繁盛，却依然耸立，时刻保佑和记录着黄河的岁岁安澜。

第二节　扇形顶角

据史料研究，黄河自周定王五年（前 602 年）到 1938 年，2500 余年间共发生大的改道有 25 次之多，以郑州西的桃花峪为顶角，北到京津、南达江淮，在约 25 万平方千米的扇形平原上，几乎到处都有它桀骜不驯的身影。

黄河决口泛滥，既带来了洪水灾难，其泥沙也造就了华北大平原，为中华民族的生存发展带来巨大空间。

1. 花园口

郑州花园口，举世闻名。在郑州找人问花园口怎么走，知道的人会这样

▲
郑州花园口

告诉你："沿花园路一直向北，当你看到黄河的时候，你脚下站的地方就是花园口。"不同人眼中的花园口有着不同的含义。对当地人来说，花园口是一个村庄，也是一个新兴的小镇；对水利工作者来说，花园口是黄河大堤上11.6千米长的一段堤防；而在史学家和人文学者眼里，花园口的内涵则更加丰富。

"花园口"名称出于明朝。明朝嘉靖年间，举人许某任工部主事，管理黄河，负责筑堤防汛。他曾在附近购置并修建了一座540亩的大花园，园内种植四季花木，奇株异葩、姹紫嫣红。毗邻花园，有个黄河渡口，人们便称此渡口为花园口。可惜这个花园在清康熙三十五年（1696年）前后因黄河南侵塌入河床中。

“花园口”这个名字震惊中外是缘于20世纪前半叶的一次历史大事件。1938年，国民党政府为阻止日军西犯，不计后果，以水代兵，下令在花园渡口西侧炸开黄河大堤，造成平汉铁路以东地区洪水泛滥，豫、皖、苏3省44县蒙受水患，人员伤亡惨重，史称“花园口决堤事件”。黄河改道八年零九个月，虽然在抗日战争中起到了延缓日军西进的目的，但是同时给百姓带来了深重的灾难。

当年许家花园是不是真的繁花似锦，我们已经不得而知，不过如今的花园口确实是绿树葱茏、花团锦簇，成为郑州观河览胜、假日休闲的好去处。沿着花园口黄河大堤一路驶去，颇有几处值得驻足的地方。

从郑州花园路直上花园口大堤，正对大堤的中心地段有处最佳观景点，名为将军坝。这是万里黄河上坚固无双的一个大坝，始建于清乾隆八年（1743年），后不断加固。据了解，它的基石在河床下达25米之深，可想其坚固抗冲的程度。站在这里，脚下连绵不绝的黄河大堤如水上长城般巍峨壮观。北望，黄河公路大桥如一条玉带系在母亲河上；南望，其守护的省城郑州日新月异，成为中原崛起的重要城市。

将军坝西侧有一座铁犀牛，高约两米，坐南朝北，面河而立，浑身乌黑，双目炯炯，独角朝天。镇河铁犀牛也叫镇河铁牛、独角

兽，是古代治水文化的一种象征。别看花园口的这头镇河铁犀牛色泽陈旧，看上去像个古物，其实是个“高仿”铁犀牛。而“原装”铁犀牛出土于开封东北郊的铁牛村，是明朝政治家于谦在开封治河时所铸，已经有600多年的历史了。明洪武二十年（1387年）和永乐八年（1410年），黄河在开封两次决口。危难之际，于谦受命任河南巡抚，只身到开封上任。他体察民情，重视河防，在修葺黄河大堤与开封护城堤时，亲自撰写了《镇河铁犀铭》，并命人刻在犀背上，将其安放在黄河岸边新建成的回龙庙中。

▲

郑州花园口大桥夜景

置放铁犀的铁牛村后来又经历了两次洪水，回龙庙被大水夷为平地，但铁犀牛始终没有被冲走。1940年，侵华日军将铁犀牛掠至开封城，想把铁犀牛熔化后制造军火。铁牛村村民奋力抗争，最终设法把铁犀牛保护了起来，使得今天的人们能够一睹其风采。

花园口向东约800米，是1938年决口之处，目前成为人们纪念往事的地方——花园口记事广场。这里有1946年国民政府所立的“民国堵口合龙纪事碑”和1997年河南省人民政府、水利部黄河水利委员会所树立的“黄河花园口决堤堵口记事碑”，两座六角的琉璃瓦亭隔广场相向而立，亭内各有六面柱体石碑一座。广场南面是反映这一历史事件的大型浮雕石墙，全长 100 余米，共分八个部分，从日寇大肆侵华、国民党军队决堤扒口阻日、洪水泛滥成灾、灾民流离失所、生态灾难严重、国共两党堵口会谈、堵口复堤工程艰巨、黄河归故向东。今天，凡到这里参观的人们都可以重温一幅幅客观、翔实的历史画卷。

2. 大伾山下寻故道

在黄河以北的中原地带，当奶奶们闲下来的时候总会拿出成摞的金箔纸，裁成一个个正方形，再叠成一个个漂亮的金元宝。奶奶们说，这些金元宝是去朝拜“北山老奶”用的，“北山老奶”会保佑全家平平安安、顺顺利利。“北山老奶”是何方神仙？她的仙宫在哪里？

北山，位于河南浚县，也叫浮丘山，老奶奶朝拜的神仙，是浮丘山碧霞宫供奉的碧霞元君。而与浮丘山相望的大伾山，因为与黄河的关系，在历史上很有名气。

据《尚书 · 禹贡》记述，大禹治水，“导河积石，至于龙门，南至于华阴，东至于砥柱，又东至于孟津，东过洛汭，至于大伾，北过降水，至于大陆，又北播为九河，同为逆河，入于海”。这段记述，大致描绘出黄河之前的行经路线。大伾山作为黄河流经九点之一，被记载于册。

大伾山位于浚县城东，俗称东山，因其有中国最早、北方最大的石佛而闻名。

今天的大伾山只有 135 米高，面积约 1.66 平方千米，拾级而上，就能看到大石佛耸立于眼前。据专家考证，高 22.7 米的大伾山石佛，是中国北方最大、官方开凿最早的摩崖造像。大约 1500 年前的东晋十六国时期，在天竺高僧佛图澄初入东土传播佛教的影响下，建都于襄（今河北邢台）的后赵君主石勒，“以佛图澄之言镵崖石为佛像，高寻丈，以镇黄河”。所以，大石佛又称“镇河将军”。大石佛向西倚山面河而坐，高八丈，藏于七丈高的楼内，素有“八丈佛爷七丈楼”之称。虽然历经沧海桑田，黄河早已改道，但伟岸的大石佛依旧守望着黄河故道，无声地述说着黄河的过去与今天。

大伾山最为珍贵的是其文化的融合。儒、道、佛三教虽观念、主张不同，却在大伾山共襄盛举，形成北魏天宁寺、唐代千佛寺、宋代天齐庙、明代碧霞宫、清代吕祖祠五大古建筑群。众多文人雅士在此怀古思远，逐渐形成一个人文胜地，至今仍有460余处摩崖石刻。这些作品中不乏大家珍品，明代大书法家王铎的“鹭涛虎岫”“仙崿”和《再至青坛诗》，王阳明的《大伾山诗》《大伾山赋》，还有被称为“民族文字化石”的梵文、八思巴文六字真言，也散见于山间。

告别了大佛，还要拜会一下“奶奶庙”。俗称“奶奶庙”的碧霞宫静静地坐落在浮丘山南端峰巅，这是古人为传说中的女神碧霞元君建造的宫殿。碧霞元君是吉祥、慈爱、圣洁的象征，是我国北方尤其是中原广大地区普遍信奉的一位女神。每到农历正月、五月、八月，传统的浚县庙会开启，四面八方的香客和游人慕名而来。尤其是正月古庙会期间，前来向碧霞元君朝拜的人“奔走络绎，日夜不止”。碧霞宫建于明嘉靖二十一年（1542年），共87间殿宇，整体建筑坐北向南，分前、中、后院，建筑艺术精湛。穿过前院的瑶池和钟楼、鼓楼，就可看到位于中院的大殿，四周古柏参天，碑碣林立。大殿是歇山卷棚顶的拜殿与悬山顶的正殿巧妙结合，前檐下彩绘“二十四孝”图，殿内供奉着碧霞元君、紫霞元君和佩霞元君。大殿后为寝宫楼，楼中塑有碧霞元君卧像。

大伾山、浮丘山，见证了黄河变迁的沧海桑田。小小的浚县县城，墟里炊烟之中，晨钟暮鼓之中，体现了数千年来中华民族对于和谐的愿景和祝福。

3. 洹水之滨甲骨文

文字改变了远古时期人类靠口口传授经验的局限，推动了人类文明的进步。《淮南子·本经》中记载：“昔者仓颉作书，而天雨粟，鬼夜哭。”可见，文字在人类认识把握自然、推动自身发展中的重要作用。史学界据文字的出现与否将人类文明划分为史前文明和文明，就是这个道理。

汉字，是目前我们所能知晓的最古老而且仍然在用的文字，源头在甲骨文。

▲
殷墟博物苑

位于河南省最北部的城市安阳，不容小觑，它不仅是中国八大古都之一，而且是甲骨文和《易经》的故乡，当属中华文明的重要发祥地之一。其地处南北交通要冲，东接齐鲁，西倚太行，北濒幽燕，南望中原，自然环境优越，自古人杰地灵，历史文化积淀深厚，被誉为“文字之根、文化之根、人祖之根”。

想要了解甲骨文，先得去甲骨文出土的地方。郭沫若曾写诗赞誉道：“洹水安阳名不虚，三千年前是帝都。”洹水是中国历史上第一个有文献记载并为甲骨文和考古发掘所证实的商王朝都城遗址，史称殷墟，距今已有 3300 余年的历史。殷墟规模巨大，长约 6 千米，宽约 5 千米，总面积约 24 平方千米。1987 年，在殷墟宫殿区遗址上建起了殷墟博物苑，以供参观游览和研究。

殷墟博物苑大门是根据甲骨文的“门”字设计的，整扇大门就是由三个甲骨文象形文字“门”组成。门柱上的纹饰根据青铜器上的浮雕图案设计雕刻而成，大门两侧的两个金黄色浮雕图案，则是根据妇好墓中出土的龙形玉玦放大仿制而成。

进了大门，就是殷墟广场。首先映入眼帘的是出土于此、有着“镇国之宝”之称的司母戊鼎（学界也称后母戊鼎），它是至今世界上发现的最大的青铜器，代表了中国古代青铜文化的最高水平。司母戊鼎原件现藏中国国家博物馆，广场上伫立的是比原件放大了一倍的复制品。

从司母戊鼎左拐直走，就是历史书上赫赫有名的妇好墓。妇好是商王武丁 60 多位妻室中的一位，生活于公元前 12 世纪前半叶，正是武丁重整商王朝时期。据甲骨文记载，妇好能征善战，屡立战功。一尊高约 3.5 米的汉白玉妇好塑像，再现了妇好生前的英姿。妇好墓随葬品极为丰富，已

▲

甲骨文

出土青铜器 468 件、玉器 755 件，每一件都称得上巧夺天工。

过了殷墟广场，沿主干道走，就能看到中国最早的车马遗迹——殷墟车马坑展厅。厅内展示的多座车马坑以及道路遗存，是我国古代道路交通的基本雏形。畜力车是先民最重要的陆地交通工具，殷墟发现的畜力车就是最早的实物标本。

沿着车马坑展厅向右走，不远处就是中国古老文字荟萃处——甲骨碑林。碑林将甲骨文按原片放大镌刻在石碑上，背面有与其相对应的释文，共 30 块，内容涉及殷王朝政治、军事、农业、天象、历法、生育、疾病、吉凶梦幻、鬼神崇拜、田猎、贡纳和祭祀等多方面。

殷墟出土的有字甲骨已经超过 10 万片，大约有 4500 个单字。甲骨占卜起源于原始宗教信仰，原始人类在与自然界交往及生存活动中，往往把一些毫无因果联系的事象的耦合，视为鬼神所示征兆，久而久之，产生了利用占具作为中介，进行人与鬼神之间的沟通，用以预测未来吉凶祸福。占卜过程大约是这样的：用整治后的龟甲或兽骨加以烧灼，观察其裂痕的形状，判断吉凶。出土的甲骨上常刻有文字，绝大多数都与占卜问疑有关，研究者称之为卜辞。卜辞是王朝卜官（也称贞人）灼龟命卜以后，在甲骨上刻记下有关卜问的内容。一条完整的卜辞，包括叙辞、命辞、占辞、验辞四部分。叙辞又称前辞，即占卜的时间和贞人；命辞又称贞辞，即此次卜问的内容；占辞即商王看了卜兆后所下的判断；验辞即卜问以后，过一段时间，所卜之事有了结果，再由卜官刻写在有关卜辞之后。这一过程如此完整，对于今人研究商代的社会历史，有了史书般的资料。

当代作家余秋雨游览殷墟后曾感叹道："无论在世界上哪一个博物馆，都会看到安阳出土的文物。如果说中华文明是一本厚重的大书，第一页永远是安阳，它不仅仅是属于一个地方，而是属于整个民族、属于整个人类，因为文化的遗产是属于全人类的。"

殷墟是黄河流经华北大平原，以厚重的泥沙为人类沉淀的最为灿烂的瑰宝之一。

以河南郑州桃花峪为界，黄河进入下游段。黄河从这里开始，最显著的特点是『地上悬河』，自此以下共768千米的黄河河床高悬于黄淮海平原之上，并且成为淮河、海河两大水系的分水岭。悬河是黄土高原大量泥沙不断下泄淤积的结果。悬河既有自流引水方便灌溉的一面，也有泛滥成灾，造成千古忧患的一面。

自古以来，治理黄河下游是历代政权的基础事业。『黄河宁，天下平』，守住这道悬河，就守住了天下。

第七章

地上悬河向东流

第一节　观瀑盛宴

自然的瀑布，在哪条河流都能经常看到，但是，人工瀑布、多彩的瀑布，只有黄河小浪底才创造了这个奇观。

1. 人人称道小浪底

小浪底，本是河南省洛阳市孟津县黄河边上的一个小村庄，因为一座水利枢纽而闻名遐迩。

小浪底工程雄踞黄河最后一段峡谷的末端，北望太行，南逼邙岭，地跨河南洛阳、三门峡、济源三市，是黄河干流七大骨干水利枢纽之一，是黄河治理开发的关键性控制工程。它可以控制黄河 92.3% 的流域面积、90% 的水量和近 100% 的泥沙，在控制洪水、调节泥沙方面作用突出。

小浪底工程最大的特点，就是从设计、施工到运用，其难度均达到世界水利工程之最。小浪底巨大的拦河大坝被称为壤土斜心墙堆石坝。它的主体并非钢筋混凝土，而是利用当地壤土、石质为基本材料，一层层碾压形成的。如果能够切开它的剖面，你可以看到它呈梯形，梯形的底宽达到 864 米，而坝长才只有 1667 米。作为水利枢纽的发电、泄洪、排沙等建筑物，与大坝是分离的，全部建造在大坝左岸的一个小山包里。据说，这个山包里的各类洞子达 16 条之多，最大洞子的直径将近 15 米，建设者们形象地把它比作“蜂窝煤”。

小浪底工程还是我国水利工程建设与国际接轨的一个范例。它利用了世界银行贷款，经过国际招标确定国际承包商，全面推行项目法人责任制、招标投标制、建设监理制，工程管理与国际惯例对接，引入了意大利、德国、法国等方面的技术力量，有50多个国家和地区、700多名外国承包商、专家、工程技术人员参与，使当时的工地犹如一场“万国会”。

▼ 小浪底水库

▲
小浪底拦河大坝

2. 九龙腾飞

“九龙腾飞”是小浪底水库调水调沙应用时的形象描述。小浪底水利枢纽洞群密布，其中由 3 条泄洪洞、3 条排沙洞、3 条明流洞组合而成的 9 条主要泄洪排沙建筑物，在调水调沙期间形成水沙俱下的壮观情景，如同九龙升空。

每年夏季的 7 月 1 日，黄河进入主汛期。为了大坝安全，也为了腾空库容迎接可能到来的上游洪水，进行有效的防洪调度，小浪底水库就需要放弃多余的水量。放弃水量，既可以从春季逐渐放泄，也可以集中一段时间大流量放泄。科学家们经过对历史上 300 多场洪水的分析发现，只要流量超过 2600 立方米每秒，对下游悬河的河床是能够起到冲刷作用的。也就是说，集中时间、集中流量，就能够改变万古以来黄河下游悬河的局面。这种控制黄河水量，调节黄河沙量，使黄河河床下切的方法，就被称为“调水调沙”。

在下游麦收即将完成时，黄河防总一声令下，小浪底水库依次放水，“九龙腾飞”的场景出现啦！先是浮于水库表面的清水，仿佛巨龙之首，从明流洞中飞出，昂首冲向天空；几天后，清水之下的水流挟带淤积的泥沙，分别从底层的排沙洞和泄洪洞中冲出，这数股水流则呈浑浊的黄色。青龙、白龙、黄龙在空中飞舞，相互交叠，相互激荡，其搅起的滔天巨浪，以排山倒海之形、摧枯拉朽之势，向下游悬河冲锋。其声轰鸣，如万马奔腾，如火山爆发，数里之外震耳欲聋；其势宏大，如钱塘之潮，如尼亚加拉之瀑。

这种九龙共舞的人工瀑布奇景，为黄河小浪底独有。在夏日阳光的映照下，清澈的水面上会形成一道美丽的彩虹，让游客大饱眼福。

第二节　汴梁之变

开封，古称汴梁，位于黄河中下游平原东部，是一座“依河而兴，因河而衰”的千年古城。作为八大古都之一，它见证了中国历史的更迭和中华文明的源远流长。黄河的南北之变，导致开封数次发生变化。

1. 开封城“城摞城”

北宋时期，开封达到极盛。作为朝都汴京（东京），它集中国政治、经济、军事、科技、文化、商业和城市中心于一身，也是当时世界上最繁华、面积最大的国际大都市，“八荒争凑，万国咸通”。《清明上河图》就是800多年前开封都市生活和社会风貌的记录。

据历史记载，开封地区在五六千年前就有人类活动。夏朝曾在开封一带建都232年，史称老丘。商朝曾在开封一带建都27年，史称嚣。春秋时期有了“启封”之名。汉初因避汉景帝刘启之名讳，把启封改称“开封”。开封有历史记载的第一次建都始于公元前361年，战国时期的魏惠王迁都大梁。

▼
开封柳园口黄河大堤

此后，先后有梁、晋、汉、周、宋、金等王朝在此建都，因此开封被称为七朝古都。后来有人考证，提出了“十朝古都”的说法，加上了夏都老丘、金灭北宋后的伪齐都城汴京以及元末的韩宋都城汴梁。

开封的兴盛发展得益于黄河安流。然而，在黄河泛滥时期，这条大河又让开封苦不堪言。秦始皇时进攻魏国就采取了以水攻城的方法，数月间，黄河水使天下名都大梁城趋于毁灭。明朝崇祯十五年（1642 年），又是因为战争需要，黄河被扒开，淹没全城 37 万人，有 34 万人葬身鱼腹。如今，在开封地下 3—12 米处，上下叠压着 6 座城池，包括 3 座国都、2 座省城及 1 座中原重镇，构成了“城摞城”的奇特景观。这 6 座城池分别是战国时期魏都大梁城、唐汴州城、北宋东京城、金汴京城、明开封城和清开封城，目前除大梁城外，均已被考古学家探明。开封除“城摞城”之外，地下还有“墙摞墙”“路摞路”“门摞门”“马道摞马道”等古迹。

如今，站在开封北约 10 千米处的柳园口黄河大堤上，既可感受悬河之势，又可遥想当年开封的地下奇观。

2. 陈桥兵变

陈桥，属河南新乡封丘县，现位于黄河北岸，与古都开封隔河相望。陈桥原来是一个名不见经传的小村庄，相传该村原有一小桥，年久失修，有一陈姓人士捐资修建，于是，当地百姓便称之为“陈桥”。后周时期，官府在此设立驿站，始有陈桥驿，那时的陈桥在黄河之南，距开封不过数十里路程。

公元 960 年，后周大将赵匡胤在陈桥发动兵变，黄袍加身，率军回汴京，迫使后周年仅七岁的少帝禅位，兵不血刃实现了改朝换代，取代后周，建大宋王朝。这一历史事件，使得陈桥名声大振，随着北宋王朝的兴盛而逐渐发达起来。

北宋之后，作为北通燕赵的咽喉之地，陈桥军事、商贸作用更加突出，也进一步促进了陈桥镇的发展繁荣。明朝时期，开封府就有“南有朱仙镇，北有陈桥镇”的说法了。

如今，陈桥驿已成为当地的一处旅游景区。现存古建筑有前大殿、后大殿、

▲
朱仙镇

东西厢房、山门等，赵匡胤当年黄袍加身时拴马的古槐还在，已有1000多年，被称为“系马槐”，是陈桥兵变的唯一见证。

3. 朱仙镇的年画

作为中国独特的民间艺术奇葩，朱仙镇木版年画源远流长。它诞生于唐代，兴盛于宋、明，距今已有800多年的历史。它与天津杨柳青年画、山东潍坊年画、江苏桃花坞年画并称中国四大年画。朱仙镇也号称“中国木版年画之乡”。

朱仙镇木版年画之所以声名远扬，既与这一民间艺术的特色有关，也与古都开封的历史地位和繁盛有关。

鲁迅曾这样评价：“朱仙镇的木版年画很好，雕刻的线条粗健有力，和其他地方的不同，不是细巧雕琢。这些木刻很朴实，不涂脂粉，人物也没有媚态，颜色很浓重，有乡土味，具有北方木版年画的独有特色。”从内容看，朱仙镇木版年画有的表现神祇，譬如以秦琼、尉迟敬德两位武将为主的门神；有的表现民间故事或人物，还有一些表现娃娃、仕女等内容的吉祥年画。

北宋时期，开封经济繁荣、商业发达，雕版印刷也发展很快。每逢过年，家家户户贴门神迎新春，民间和宫廷各类版画作坊兴盛，宋末时木版年画已成为开封朱仙镇的优势产业。北宋灭亡之后，开封遭遇战乱、洪水影响，木版年画也随之衰落。明朝之后，木版年画复兴，中心逐渐转移至朱仙镇。据记载，明清时期，朱仙镇木版年画作坊多达300家。

朱仙镇位于开封城南10千米，是中国历史名镇，唐宋以来，作为开封唯一的水陆转运码头，通达繁荣，商贸兴盛。明朝末期，朱仙镇与广东的佛山镇、江西的景德镇、湖北的汉口镇，并称我国四大商埠重镇。21世纪以来，朱仙镇曾入选“中国最美的村镇”。2013年，媒体公布的全国1100个“美丽乡村”首批创建试点中，开封朱仙镇名列其中。

第三节　成也黄河

1. 黄河在这里拐弯——东坝头

东坝头位于黄河下游兰考境内，地势西高东低。1952年10月30日，毛泽东曾乘车来到兰考东坝头铜瓦厢河段察看黄河。

1855年前，黄河行走于明清故道，南犯江淮，入黄海。1855年，黄河在兰考县铜瓦厢决口，冲开北堤，改向东北行，经今长垣、濮阳、范县、台前入山东，夺山东大清河由利津入渤海，铜瓦厢的东坝头成为下游黄河的最南点。这就是现今的黄河。

1938年，蒋介石命令扒开郑州花园口黄河大堤，致使黄河再次向南流，沿贾鲁河、颍河、涡河入淮河，造成洪水漫流，灾民遍野。直到1947年堵

▲
兰考东坝头

▲
东平湖

复花园口后，黄河才回归北道。

过了东坝头，黄河将出河南，跨入山东境内。

2. 梁山泊哪里寻

梁山泊地处黄河下游、汶水和济水汇聚地，古称泽国。它是以梁山为孤岛形成的巨大湖泊连体，由梁山、青龙山、凤凰山、龟山四主峰和虎头峰、雪山峰、郝山峰、小黄山等七支脉组成。《山东通志·疆域志》记载："梁山，本名良山，以梁孝王游猎于此得名。"

梁山泊的形成和湮没，均是黄河决口所致。据有关资料记载，从五代到北宋末，黄河频繁决口改道，滔滔黄河水在梁山脚下与古巨野泽连成一片，形成港汊纵横、山水交错的"八百里水泊"。《水浒传》里这样描写梁山泊："山东济州管下一个水乡，地名梁山泊，纵横河港一千条，四下方圆八百里……山排巨浪，水接遥天……"由于黄河决口改道带来的泥沙淤积，梁山泊周围逐渐变成平地。

山东东平湖是原“八百里梁山泊”的遗存水域。《水浒传》写道：“宛子城中藏虎豹，蓼儿洼内聚蛟龙。”蓼儿洼指的就是东平湖。东平湖古时称蓼儿洼、大野泽、巨野泽、梁山泊、安山湖，清朝咸丰年间定名为东平湖。东平湖东连大汶河，北通黄河，曾是漕运要枢，后起着调蓄黄河、汶河洪水，滞洪减灾的作用，目前又承担起我国南水北调东线调蓄水量的重任。

东平湖中的小岛叫“土山岛”，在《水浒传》里叫“聚义岛”，是水浒英雄出没之地，传说“智取生辰纲”之后，晁盖、吴用、公孙胜、刘唐、阮氏三雄七人为了躲避官府缉拿，便来到此岛寺院聚义。东平湖又有“小洞庭”之誉，历代文人墨客如李白、韩愈、白居易、李商隐、辛弃疾等在此留下脍炙人口的诗篇。宋代文学家苏辙在夜过东平湖时，为“小洞庭”景色所陶醉，写出了“更须月出波光净，卧听渔家荡桨声”的美好诗句。

3. 决眦而望——五岳之首

泰山，东临大海，西靠黄河，南有汶、泗、淮之水，雄踞于齐鲁平原之上，是黄河下游和山东省的最高峰。泰山以山体高大、主峰雄伟、气势非凡而著称。唐朝杜甫在《望岳》中描写了泰山的雄伟及登临感受：“岱宗夫如何？齐鲁青未了。造化钟神秀，阴阳割昏晓。荡胸生层云，决眦入归鸟。会当凌绝顶，一览众山小。”

泰山，也称“岱山”“岱宗”，春秋时称“泰山”。其主峰玉皇顶海拔1545米，号称“五岳之首”，自古有“吞西华、压南衡、驾中嵩、轶北恒”之说。秦汉之后，泰山逐渐成为政权的象征。中国自古崇拜泰山，历朝历代一直有到泰山封禅和祭祀的传统。据记载，先秦时期有72代君主到泰山封禅，自秦汉至明清历代皇帝有27次到泰山封禅。“泰”字原意高大、通畅，后引申为“大而稳，稳而安”，因此有“稳如泰山”“国泰民安”之说。

泰山是中国第一个世界文化与自然遗产。泰山所在地区是黄河流域古代文化的发祥地之一，山南北分布有大汶口文化遗址、龙山文化遗址，反映出早期黄河流域氏族部落的活动状况。泰山上分布着孔子登临处、孔子庙等与孔子有关的景点，昭示着泰山文化的源远流长、博大精深，现今仍存有战国

▲
泰山

时期齐国修筑的沿泰山山脉直达黄海边的500千米长城。

在晴朗的天气条件下，登临泰山山顶向北远眺黄河，可以看到大河滔滔，宛如金带东注。泰山北侧短小的河流直接汇入黄河；源于泰山之东的大汶河绕山体南麓西行，在泰山东端分流，分别汇入黄河和京杭大运河。

4. 一城山色半城湖

闻名天下的古老泉城济南，是黄河奔腾而下所流经的最后一座省会城市。这里湖光山色，山水相映，历史悠久，人文底蕴深厚。

“齐烟九点”，是对济南山景的形象概括。这四个字出自唐代诗人李贺的诗《梦天》：“遥望齐州九点烟，一泓海水杯中泻。”齐州代指济南。“九点”泛指山多，也有人解释为从千佛山上北望所看到的卧牛山、华山、鹊山、标山、凤凰山、北马鞍山、粟山、匡山、药山等九座山头。这“九点”个头不大，却各有特点和传说。如华山，古称“华不（fū）注”，“华”即“花”，“华不注”，意指此山如花附着水中。据说北宋以前，华不注山周围全为水域，称“鹊山湖”，远远望去，山像水中一朵含苞欲放的荷花。元代书画家赵孟頫所画《鹊华秋色图》即道出了济南山色之美，图上有乾隆所题“鹊华秋色”四个字，现被收藏在台北故宫博物院。“鹊华烟雨”，也是原济南八景之一。除华山外，匡山上至今留有“李白读书处”的故事。药山，则因山下洞中产阳起石，可入药而得名。鹊山，传说是先秦名医扁鹊曾在此炼丹，死后葬于这里而得名。马鞍山、卧牛山则形象地提示着山的地貌、地形。

济南名山当属千佛山。千佛山处于济南城东南，海拔不足300米，属于泰山山系余脉，与趵突泉、大明湖并称济南三大名胜。千佛山在周朝以前被称为历山，相传禹、舜曾在历山脚下开荒种田，因此又有“禹登山”“舜耕山”之名，现今济南市仍沿用历山路、舜耕路等地名。隋朝时期，因依山塑造佛像，修建千佛寺，才有了千佛山之名。此后，几经扩建、修筑，千佛山上的兴国禅寺、千佛崖、历山院、“齐烟九点”牌坊、“云径禅关”坊等成为今天融历史、文化、风景、佛教于一体的旅游胜地。

“家家泉水，户户垂柳”是济南的写照。济南地势南高北低，南部为丘

▲
大明湖荷花

陵山区，丰富的降水让南部山脉的地下水在石灰岩层下向北流动，遇到北郊组织紧密的岩浆岩阻挡而从石灰岩的孔隙、裂缝中喷涌而出，形成涌泉。宋代文学家曾巩曾说：“齐多甘泉，冠于天下。”民间称“平均每秒有 4 立方米的泉水涌出”。济南城内百泉争涌，有 72 名泉之说。市区久负盛名的有趵突泉、黑虎泉、五龙潭、珍珠泉四大泉群。后来，济南重新审定划分了十大泉群，明确了明水泉域、白泉泉域、济南泉域、长孝泉域等四大泉域。

“西趵突、东百脉”，是对济南名泉的评价。趵突泉被誉为“天下第一泉”，水涌若轮，雪涛奔突，声如隐雷，如波间玉塔，似平地涌壶。“趵突”一名最早出现在曾任齐州（今济南）太守的曾巩的诗文之中。著名文学家蒲松龄称赞趵突泉“海内之名泉第一，齐门之胜地无双”。

与趵突泉齐名的百脉泉，位于济南章丘明水镇。不管天气如何干旱少雨，百脉泉一如既往的“泉如珍珠滚”，被赞为天下奇观。章丘是著名词人李清照的家乡，更让这里的泉水文化独具韵味。走进百脉泉公园的清照园，漱玉堂、易安楼、吟风榭、感月亭、文轩斋等无不述说着中国历史上最杰出的女作家、婉约派词人与这里的关系。李清照，号易安居士，著有《漱玉集》。她出身于书香门第，自幼文采出众，18岁时，在汴京与丞相之子赵明诚结婚，夫妻二人感情笃深。后来，她先后经历国破、家亡、夫死之痛，独自漂泊于江南，晚年孤苦凄凉。《声声慢》一词反映了她当时的心境：“寻寻觅觅，冷冷清清，凄凄惨惨戚戚……这次第，怎一个愁字了得？”今天，漱玉泉畔有郭沫若题写的“李清照纪念堂”匾额以及他所作的楹联：“大明湖畔趵突泉边故居在垂柳深处，漱玉集中金石录里文采有后主遗风。”

“四面荷花三面柳”的景致肯定要在大明湖欣赏了。这是由众泉汇流而成的一处天然湖泊，水源充足，水位恒定，“恒雨不涨，久旱不涸”。大明湖曾有历下波、历水陂、莲子湖、西湖之称，金代诗人元好问在《济南行记》中始用大明湖之名。大明湖荷花历来备受济南人喜爱。相传荷花盛开之际，古代文人墨客到湖边避暑，他们把莲叶割下，盛上美酒，然后用簪子将莲叶的中心部分刺开，使之与空心的荷茎相通。人们从荷茎的末端吸入美酒，形成“酒味杂莲香，香冷胜于水”的奇特口感，这就是所谓的“碧筒饮”。

黄河从济南北部流过，当地实施引黄补源政策，改善城区小清河沿岸环境，河泉相融，柳暗花明，呵护了这座北方城市的美丽端庄、钟灵毓秀。

百川东流终入海。犹如在中国北方大地上的黄色巨龙，黄河蜿蜒九曲、万里奔流，在入海口与渤海相汇，使源远流长的黄河文化与博大雄浑的海洋文化融为一体，在这块既古老又年轻的土地上创造出了独具特色的黄河三角洲文明。

第八章

入海之处新生地

第一节　生长国土的地方

经过了长途跋涉之后的黄河接近入海口处的河面越来越宽，流速放缓，带来的巨量泥沙在河口处堆积下来形成三角洲。泥沙不断淤积，三角洲不断地向海洋伸展、扩大，华北平原陆地面积也不断增加。如今的黄河每年仍以几万亩的速度在这里增添新的陆地，这里被称为新中国最年轻的土地。

1. 新中国最年轻的土地

“九曲黄河万里沙，浪淘风簸自天涯。”千百年来，黄河日月不息地为中华民族拓展着生存空间。据郦道元《水经注》记载：“洋洋河水，朝宗于海，径自中州，龙图所在。”黄河形成统一的大河，自郑州桃花峪出峡谷，开始淤积造地，一路向东填平了历史上分布在华北大地上的 130 多个湖泊，这就是黄河多泥沙塑造出的黄淮海平原版图。其中，有一块至今仍在不断增长着的土地，这块神奇的土地就是东营。在 150 多年前，这里大多数的陆地还浸泡在海水之中，是母亲河孕育了这片肥沃的土地，并用双手将它托出海面。

东营，居山东省东北部、黄河南侧，东临莱州湾。因唐太宗东征时，曾在此安营扎寨，设东营、西营而得名。每年黄河水将黄土高原 10 多亿吨泥沙中的大部分裹挟到这里，在河海交汇处形成悄然而执着的填海造陆运动，茫茫沧海变桑田，新中国最年轻的土地在这里向大海日益延伸。

东营是一座集年轻和古老于一体、极具魅力的城市，旅游资源丰富，北部有独特的大河海洋风光，黄龙入海的壮丽与长河落日的静美珠联璧合；南部有以古齐文化为代表的历史人文景观。东营是国家规划的黄河三角洲的中心城市，环

▲ 山东东营黄河公园

渤海经济圈与黄河经济带的交汇点，享有石油之城、生态之城、中国优秀旅游城市、国家环境保护模范城市、东方湿地之城等诸多美誉。今天，坐拥母亲河最慷慨馈赠的东营，正在像长三角、珠三角一样，为自身的崛起而不断努力。

2. 新兴石油城

东营是一个富藏石油、天然气的新兴石油工业城市，全国第二大油田——胜利油田就坐落在这里。

距今 2.95 亿年至 1.37 亿年的二叠纪，华北地块曾两度下沉，受到海水漫长岁月的浸泡后，又再次抬升。在反复抬升和下沉的过程中，大量的生物遗体在沉降中堆积起来，形成了丰富的煤炭、石油和天然气资源。而沼泽分布、河汊纵横的黄河三角洲地区，丰富的石油资源的开发与黄河的摆动有着密不可分的关系，正是黄河日月不息的造陆运动，使这片原本是大海的土地变成新的陆地，许多海上油井因黄河泥沙淤积而改为陆上开采。

滨渤海湾的这片油田的发现，给 20 世纪 60 年代正闹“油荒”的中国带来了巨大的惊喜，也打破了“华北无油论”的预言。为此，国家给这个油田起了一个响亮的名字——胜利油田。

随着黄河三角洲石油资源的开采，一个急需解决的难题摆在了东营的面前：桀骜不驯的黄河尾闾不断地摆动，洪水侵袭的威胁始终像一个“紧箍咒”，戴在油田的上方。历史上，黄河尾闾的摆动是一种自然现象，不停地改道和摆动，使河床可以溯源冲刷，保持河床的自然平衡。但是，作为一座新兴城市以及大规模的油田建设，是不能允许洪水肆虐和尾闾频繁改道的。在党和国

▲ 欣欣向荣的东营

家的关怀支持下，经过近 40 年的研究探索，东营改变了历史上黄河尾闾自然频繁改道的特性，实现了黄河安澜入海和胜利油田崛起发展的双赢。

东营迅速发展，已经成为一座新兴的石油城，形成了以“壮、雅、朴、实”为特色的现代石油工业景观。林立的井架、采油树、丛式井组，雄伟的海上钻井平台，纵横交错的油气管道，是富有行业特点和地域特色的旅游资源。东营人以其勤劳和智慧，建造出一座凝结着黄河文化、石油文化及现代城市建筑理念的新兴石油城。如今的黄河三角洲，在维持黄河健康生命和保障黄河三角洲经济建设安全的前提下，正按计划和需要向大海深处延伸着中华人民共和国的国土。

第二节　古齐文化

周王朝建立后，开国元勋姜尚封齐，具有“泱泱大风”的齐国，创造了变革、开放、务实、包容的齐文化，涌现了姜太公、管仲、孙武、孙膑等一大批历史人物。产生于齐鲁大地的齐文化和鲁文化各有特色，鲁文化以崇文为代表，孔子是鲁文化的集大成者，被称为“文圣”；齐文化以尚武为特色，孙子是齐文化的集大成者，被称为“武圣”。无论是《论语》还是《孙子兵法》，它们各自形成的文化体系和思想内涵至今仍然深刻影响着中华文明。

1. 姜太公祠

临淄位于淄博市东部，原名营丘，因东临淄河，齐献公时更名为临淄。这里曾作为“春秋五霸之首，战国七雄之一”的齐国故都，有800余年悠久的历史和灿烂的文化。

追溯齐国的历史可知，武王伐纣，周有天下，“封师尚父于齐营丘”。赫赫有名的“千古一相”姜太公就是尚父，齐国之始祖。“姜太公钓鱼——愿者上钩”的歇后语家喻户晓。姜太公，字子牙，是中国古代最著名的军事家、政治家、思想家，著有《六韬》《太公金匮》等兵书。他以七十余岁高龄，寻辅贤王，克成建周大业；他受封治齐，因俗制宜，终使齐国强盛一时。他的超人才智、辉煌业绩为后世所称颂，人们将他誉为“兵学鼻祖”“百代宗师”。

姜太公祠位于临淄东南，是以姜太公衣冠冢为基础建成的一处祠堂与园林相结合的传统庙宇建筑。

姜太公祠采用了中国传统的中轴对称，殿堂庙宇式布局，进门所见的“姜太公祠”四个大字由我国当代著名书法家赵朴初所题。祠堂面北背南，祠内分为六个院落，主要由太公衣冠冢、主殿、五祖殿、丘穆公祠等组成。进入主殿，殿内正中供奉着姜太公彩绘圣像，两侧供奉着齐国第二代国君齐丁公和第十六代国君齐桓公的塑像。殿内壁画讲述了姜太公传奇的一生，分为“姜

▲
淄博城市风光

氏封吕、贫困生涯、弃官避纣、著书立说、渭水垂钓、孟津会盟、牧野大战、封齐就国、与莱争丘、严罚不训、周王授权、传子归周”等。主殿西侧为五贤殿，供奉齐国管仲、孙武、孙膑、司马穰苴、田单五位著名政治家、军事家。主殿东侧为五祖殿，供奉着东华帝君、吕洞宾、张天师、王重阳、邱长春等五位道教先祖，所以，这里又是一处重要的道教活动场所。

从主殿穿堂而过，便是太公衣冠冢。姜太公死后按周礼返周而葬，齐人感念太公恩德， 葬其衣冠于此。墓前石坊横眉上的“周师齐祖”四个字高度概括了姜太公一生的丰功伟业。

姜太公祠东侧是丘穆公祠。姜太公封于营丘后，令其第三子穆公领镇营丘，其子孙遂以丘为氏，所以，穆公是丘氏始祖。穆公祠采用了中国传统的殿堂庙宇式布局，整个建筑显得古香古色。在穆公祠东配殿内陈列着姜姓源流考和姜氏宗谱，所以这里也是姜氏后代祭祖、寻根的重要基地。

2. 蒲松龄故居

蒲松龄的《聊斋志异》堪称中国古典文言短篇小说的巅峰，诸多名家均对《聊斋志异》作出极高评价。鲁迅在《中国小说史略》中说此书是“专集之最有名者”；郭沫若赞其“写鬼写妖高人一等，刺贪刺虐入骨三分”；老舍也曾评价“鬼狐有性格，笑骂成文章”。

蒲松龄，字留仙，一字剑臣，别号柳泉居士，世称聊斋先生，自称异史氏。“性颖慧，文冠一时”，清顺治十五年（1658年）应童子试，“以县、府、道第一补博士弟子员”，但自此以后屡试不第，直到古稀之年，授例成为“岁贡生”。《聊斋志异》是其传世之作，他从年轻时即着手创作，40岁左右基本完成，此后不断有所增补和修改。蒲松龄在《聊斋自志》中写道：“子夜荧荧，灯昏欲蕊，萧斋瑟瑟，案冷疑冰……集腋为裘，妄续幽冥之录；浮白载笔，仅成孤愤之书。寄托如此，亦足悲矣！”可见在这部小说集中，作者寄托了他从现实生活中产生的孤愤，寄寓了对命运的爱和恨、悲和喜。全书共有短篇小说491篇，题材非常广泛，内容极其丰富，多数作品借狐鬼的故事，对当时社会的腐败、黑暗进行了有力批判，在一定程度上揭露了社会矛盾，表达了底层人民的感受。

在淄博市的东南，现在归淄川区洪山镇管辖的区域内，有个叫蒲家庄的地方，蒲松龄出生于此，安息于此。这是一座农家院落，门前几株古槐，荫翳天日，颇显遗风。大门上高悬着郭沫若题写的“蒲松龄故居”金字门匾，进了大门向北是一处庭院。正房为砖石、土坯结构的普通民房，木棂门窗，房内 “聊斋”匾额格外醒目，匾下方悬挂着蒲松龄74岁时江南著名画家朱湘鳞为其画的肖像，房内还陈列着他生前用过的端砚1方、手炉1个、教书时睡过的床1张。此外，室内摆放的桌、椅、几、架、橱，均是蒲松龄设馆

30余年的旧物。东西两厢房，茅檐低小，狭窄简陋，可以想象蒲松龄生活的清贫和艰辛，更让人感叹《聊斋志异》成书之不易。此外，故居中还收藏有当代名人题咏蒲松龄的墨宝，共计200余件，郭沫若的对联也在其中。

蒲松龄墓园在蒲家庄东南约500米处，长40米、宽38米。墓地四周系砖石围墙，院内松柏深深。墓园系蒲氏老林，内有古墓几十个，蒲松龄及其父亲、长孙均葬于此。蒲松龄墓在墓园北侧，封土高约两米，墓穴呈头向西南、足向东北之势。

蒲家庄还有一处必看之地，那就是著名的柳泉。柳泉在蒲家庄东门外的满井沟底。据记载，早年井中清泉涌流，外溢为溪，大旱不涸，古称满井。当年井四周有翠柳百株，故后人又称之为“柳泉”。相传蒲松龄曾多次在此设茶招待过往行人，搜集创作素材。蒲松龄酷爱此地，自号“柳泉居士”。现在的柳泉边新建了草亭、凉亭，井口围加了栏杆，井旁“柳泉”石碑为著名文学家沈雁冰（茅盾）所题写。

3. 吕剧发源地和孙武故里

山东境内有一种被广大群众喜闻乐见的戏剧，这就是吕剧。吕剧发源于山东广饶县，这里还是孙武故里。

广饶县地处山东省中部偏北即山东丘陵之北麓，黄河三角洲南端，东北濒临渤海。历史上广饶属古青州所辖区域，今为东营市管辖。据考古发现，早在5700年前的新石器时代，广饶先民就在此地生息繁衍、劳动生产，创造出灿烂的史前文化。

吕剧是由民间说唱艺术山东琴书演化而来，自1900年成戏至今，已有百余年的发展历史。艺术发端于劳动，源于生活。吕剧这一民间艺术所以发源于东营市牛家镇时家村，有着其特殊的历史背景和地域条件。时家村地处黄河入海口处，黄河每一次泛滥，都给沿黄居民带来深重的灾难，他们不得不背井离乡，四处乞讨为生。渐渐地，人们把伸手乞讨改为唱着小曲求舍，开始出现早期的流浪艺人。这些人在走村串户中，将听到的一些外地的曲调，融入自己的创作中，逐步形成了今天的吕剧。吕剧主要创始人之一时殿元，为时家村人，自幼就唱着小曲讨饭。后来他到菏泽地区学习琴书，技艺大进，组建山东琴书班社，起初在广饶、博兴、惠民一带演出，后来经常在淄博、潍坊和胶东一带活动，有时还远到省外演出。1900 年，时殿元将琴书段子《王小赶脚》改编为化妆戏演出。因为《王小赶脚》以“驴”为道具，群众就称其为“驴戏”。这就是吕剧的雏形。新中国成立后，党和国家对戏曲艺术高度重视，将化妆琴书作为有代表性的剧种进行重点改革，通过对《小姑贤》《蓝桥会》等传统戏的加工改革，这一艺术形式得到极大发展。特别是现代戏《李二嫂改嫁》上演以后，吕剧艺术开始发展。吕剧语言淳朴生动，唱腔优美悦耳，音乐语汇丰富多彩，已成为东营黄河口文化的代表。

关于孙武故里，历来有争议，主要有“广饶说”和“惠民说”，目前史学界较为认可广饶是孙武故里的说法。

孙武，字长卿，是我国春秋末期著名军事家，后人尊称其为孙子、孙武子。其所著《孙子兵法》十三篇，被翻译成日、俄、英、法、德等数十种文字，对中国乃至世界军事史都有重要影响。据欧阳修《新唐书・宰相世系表》记载，孙武的远祖其实既不姓孙，也不姓田，而是姓陈，是春秋时期陈国公子陈完的后裔。据后世考证，孙武出生于齐国，后因齐国政权变化而投奔吴国。《吴越春秋・阖闾内传》记载：“孙子者，名武，吴人也，善为兵法，辟（避）隐深居，世人莫知其能。”地方志记载，孙武到吴国后，隐居在吴都西边的穹窿山里，明崇祯《吴县志・人物卷》记载，“因避内乱奔吴国，隐居于吴县西部山里，著就《兵法》十三篇。后与伍子胥相识，被荐于吴王”，辅佐吴王阖闾成就霸业。

孙武祠位于广饶县城西北隅，是以山东省保存最完整、纯木质结构的宋代建筑——南宋大殿为中心而建的一座古典式纪念园，由四个相互通连的仿宋式建筑组成。院内保存了用以确认孙武故里在广饶的《史记》《资治通鉴》等史书文献和若干考证。正中竖立一手拿竹简、一手持宝剑的孙武石雕像，有三米高。正殿内有孙武伏案疾书的铜像，殿内还有展现《孙子兵法》精彩场景的大型壁画。

▲

黄河三角洲湿地

第三节　绚烂入海

百川东到海，蜿蜒黄河自巴颜喀拉山奔腾而来，在东营结束了一路的疲劳，在这里滋润出最后一片绿地之后，将身心涌入大海。千百年来，沧海桑田，亘古不变的是黄河水奔流入海的动力以及母亲河福泽华夏民族的使命。

1. 河口湿地

从人造卫星拍摄的地球表面图片上，我们可以清晰地看到在黄河入海口处有一块色彩斑斓的土地，总面积达 230 万亩，这就是黄河三角洲湿地。

这块湿地在水利专家的眼里，是反映黄河治理成效的晴雨表；在生态学家的眼里，是研究生物衍化及替代规律的基因库；在鸟类专家的眼里，是研究东北亚内陆河环太平洋鸟类栖息、迁徙规律的特殊地域。这是全国最大的河口三角洲自然保护区，是世界范围内河口湿地生态系统中极具代表性的范例之一。这里独特的生态环境，得天独厚的自然条件，造就了以黄河入海口浅海滩涂、沼泽湿地、天然苇荡、野生鸟类为主体，丰富而又独具特色的自然景观湿地。这里有地球暖温带地区最广阔、最完整、最年轻的湿地生态系统，是东北亚内陆和环太平洋鸟类迁徙的重要“中转站”和越冬栖息、繁殖地，是国际湿地条约缔约国要求注册的国际重要湿地，曾被《中国国家地理》杂志评选为“中国最美的六大沼泽湿地”之一。

黄河三角洲湿地内生长着近 400 种植物，植被覆盖率在 80% 以上，分布着各种野生动物 1524 种，其中鸟类达 268 种。三角洲湿地内一年四季风景各异，鸟类成了一道变幻无穷的流动风景线。每年的二三月份，成群的丹顶鹤、灰鹤、大天鹅如期而至；3 月下旬，黑嘴鸥们相约而来；四五月份，东方白鹳在此繁衍生息；夏日，须浮鸥翩然而至，鹭类云集，野鸭成群。这里还有一种奇特的刀鱼，因其体形酷似一柄尖利的刀具而得名。每年农历三月中旬，刀鱼会沿着黄河逆流而上几百里洄游到东平湖产卵，等卵孵化成幼鱼后，又顺着黄河来到入海口，如此往复循环。幼鱼两三年长成成鱼，脂肪丰富，奇鲜无比。在黄河一度频繁断流的20世纪90年代，刀鱼绝迹，湿地退化。当时，有163位院士联合签名，呼吁拯救母亲河，国务院于1999年正式授权黄河水利委员会统一管理调度黄河水资源。从那时起至今，黄河下游再没有发生断流，黄河尾闾重新焕发生机，刀鱼重新畅游于黄河的尾闾间。

2. 回归大海

黄河入海口位于渤海与莱州湾交汇处。据资料记载，从公元前602年至公元1127年，黄河入海河道大都在山东北部至天津之间变迁。1277年至1855年的500多年里，黄河大致经封丘、丰县、徐州汇淮河入海。1855年，黄河在河南铜瓦厢决口，夺山东大清河入海。现今的入海流路是在1976年由人工改道而成的。

▼
黄河入海口

“白日依山尽，黄河入海流”，“黄河之水天上来，奔流到海不复回”，这些千古名句都彰显着黄河入海口的神奇瑰丽。黄河孕育了5000年的华夏文明，辗转万里在这里汇入渤海。壮丽的自然景观，深厚的历史文化积淀，使这里成为海内外中华儿女魂牵梦萦的地方。

乘船顺河而下，放眼远望，黄河两岸，植被种类层次分明。最高的是具有原始气势的大林场，中层是婀娜挺拔的芦苇，低层是葱茏青郁的牧草带。黄河自西南迤逦而来，如一条金色缎带扑向蔚蓝色的大海。河海交汇处，恰如一条黄绿相间的飘带，把浑浊的河水与碧蓝的海水划为两半，河黄海蓝，格外分明。浑黄的河水在湛蓝的海面上呈扇面状拓展开去，奔涌的黄河劈开千重波浪，向大海深处挺进，景色蔚为壮观。

大河汤汤，黄河就是一部流动的历史。它的奔腾，它的流淌，孕育了中华民族几千年的历史，流淌在每一个中华儿女的血脉中。

朋友，如果有机会畅游河口，你一定会摒弃尘世烦恼。沿着海堤放眼眺望，登临海面感受浪花，让海风吹乱你的头发，让波涛掀起你的心潮，观大陆新生，看大河入海，颂生命赞歌。你的内心会呼唤：黄河啊，母亲河，感谢您！

▲
黄河

后记

经过作者们与编辑约一年时间的努力，《万古黄河》一书即将付梓，看到编辑传来的图文并茂的电子文件，作者们一片欢欣鼓舞。

此书是经黄山书社编辑约稿后开展的。当时，正值我颈椎病发作，难以伏案。但是，这个主题又那样充满诱惑力，令我难以拒绝。与编辑商量后，我约了几位年轻人共同执笔。这几位年轻人几乎每日都在繁重的文牍工作中忙碌着，但是由于从事与黄河有关的工作，积累丰富，所行黄河也多有感触，闻此，欣然同意。通过分工合作，在较短的时间内，我们就拿出了本书的初稿。其中，白波负责第三章和第五章，徐清华负责第四章和第七章，刘仲薇负责第六章和第八章，我负责第一章和第二章，并负责全书统稿。此外，韩涛和戴钰两位同志也为此书做了大量的资料收集工作。

摄影家董保华先生参与了本书大纲的编纂和章节内容的指导。因为他长年的不畏艰辛、风雨跋涉以及他不凡的审美格调和镜头的丰富广远，所以读者可以更加赏心悦目地了解黄河的壮美与秀丽，在此一并表示感谢。

由于作者们水平有限，书中难免出现各类错误或遗漏，敬请读者予以批评指导。

陈维达